Luz na Escola

Chico Xavier

na Escola Jesus Cristo de Campos | RJ

Luz na Escola

Chico Xavier

na Escola Jesus Cristo de Campos | RJ

Psicografia de Francisco Cândido Xavier

Organização de Clovis Tavares | Flávio Musso Tavares

VINHA
DE LUZ
SERVIÇO EDITORIAL

Belo Horizonte
2010

EDIÇÃO: Vinha de Luz | Serviço Editorial
Departamento Editorial da Casa de Chico Xavier
Av. Álvares Cabral, 1777 | 20º andar | Sala 2006
Santo Agostinho | 30170-001 | Belo Horizonte | MG
(31) 3517-1573 | 2531-3200 | 2531-3300
www.vinhadeluz.com.br — informacoes@vinhadeluz.com.br

COORDENAÇÃO EDITORIAL
Célia Maria de Oliveira Soares | Flávio Mussa Tavares | Geraldo Lemos Neto

CAPA
Jureni Vergílio

PROJETO GRÁFICO
Célia Maria de Oliveira Soares

DIGITAÇÃO | REVISÃO DOS ORIGINAIS
Flávio Mussa Tavares | Juliana Rocha Tavares | Isabel Rocha Tavares
Saulo Rocha Tavares | Ricardo Benjamin Machado Alves

TRATAMENTO DE IMAGENS | DIAGRAMAÇÃO | REVISÃO TÉCNICO-CIENTÍFICA
Célia Maria de Oliveira Soares

1ª edição — novembro 2010 | 2.000 exemplares

Dados Internacionais de Catalogação na Publicação (CIP)
(Câmara Brasileira do Livro, SP, Brasil)

Luz na Escola / Diversos Espíritos ; psicografia
  de Francisco Cândido Xavier. - - Belo Horizonte :
  Vinha de Luz , 2010 .

  Bibliografia .

  1 . Espiritismo 2 . Psicografia 3 . Xavier ,
Francisco Cândido , 1910-2002 .

10-12277   CDD - 133.93

Índices para catálogo sistemático :

1. Mensagens psicografadas : Espiritismo
        133.93

Centenário de nascimento de
Francisco Cândido Xavier | 1910 — 2010

Edição especial

70 anos da primeira visita de
Francisco Cândido Xavier à Escola Jesus Cristo | 1940

Alberto Santos Dumont em 1902

Dedicatória

Alberto Santos Dumont,
nosso preito de amor e eterna gratidão.

Francisco Cândido Xavier nos anos 40

Explicação e agradecimentos

*E*ste é um livro de Francisco Cândido Xavier. São textos psicografados por ele, em visita de quatro dias à nossa casa, quando esta existia havia apenas cinco anos. Contém os comentários de Clóvis Tavares, meu pai, testemunha ocular de todos os fenômenos ali ocorridos.

Os textos deste livro representam uma reedição da sua primeira, pequena, única e esgotada edição, feita em 1940, em publicação de caráter doméstico da Escola Jesus Cristo.

Está sendo reeditada pela generosidade de nosso querido irmão Geraldo Lemos Neto, que desempenha hoje um papel ímpar no resgate histórico da produção mediúnica de nosso querido Chico.

Os textos grafados em caracteres normais são psicografados, de autoria espiritual, portanto. Os textos em itálico são os comentários de Clóvis Tavares ou daqueles convidados a depor sobre as comunicações de seus familiares.

Agradeço aos meus filhos Juliana, Isabel e Saulo, que me ajudaram na digitação e na correção ortográfica do livro, uma vez que foi escrito em 1940.

Agradeço também ao irmão Ricardo Benjamin Machado Alves, que encontrou no "Museu de Ciro", exposição espírita permanente da Escola Jesus Cristo, dirigida por ele, as fotos da época da abençoada visita de nosso Chico à instituição.

Flávio Mussa Tavares

Campos, 27 de outubro de 2010
75 anos de fundação da Escola Jesus Cristo — 1935|2010

AD PERPETVAM REI MEMORIAM

FRANCISCO CÂNDIDO XAVIER EM CAMPOS

EM VISITA À ESCOLA JESÚS CRISTO

Distribuição gratuita

Lembrança do 5.º aniversário da Escola Jesús Cristo,

Instituição Espírita de Cultura e Caridade
(Adesa à Federação Espírita Brasileira)

Rua dos Goitacazes, 85 - Campos - E. do Rio

27-10-1935 — 27-10-1940

Sumário

Clóvis Tavares em 1946

Em
primeiro lugar...

"Arrependei-vos e crede no Evangelho."
(Marcos, 1: 15)

alavras do Mestre. Palavras esquecidas, palavras que não têm sido realmente meditadas.

"Arrependei-vos e crede no Evangelho". Arrependei-vos primeiro. Crede no Evangelho em seguida.

Primeiramente, o sincero reconhecimento da própria inferioridade. Em segundo lugar, reconheça o homem a sua fraqueza, seu pecado, sua indolência, sua má vontade, seu egoísmo. E arrependa-se.

"Se te queres tornar bom, acredita-te mau primeiro", ensinava o estoico Epíteto, um filósofo gentio.[1]

Arrependimento, no entanto, não é uma atitude filosófica ou formalista. É conversão, é mudança, é vida nova. Então, sim, o homem poderá abraçar a cruz de Cristo. Arrependido, poderá passar pela porta estreita. E entrar na senda. E crer no Evangelho.

Crença sem arrependimento é hipocrisia. Fé sem regeneração é farisaísmo. "Arrependei-vos e crede no Evangelho." Cristo fala hoje como falou há dois mil anos na Galileia.

Clóvis Tavares

Escola Jesus Cristo — 1939

---

[1] Nota da Editora: no original, o autor referenciou a citação como *Gnomologium Epictetum, 13*. Para informação ao leitor, "Epíteto viveu antes de Cristo (50-115) na Frígia, atual Turquia. Nascido escravo e só liberto depois de adulto, não escreveu um único livro. Seu pensamento é conhecido graças ao historiador Arriamo, que teve o cuidado de anotar as ideias de seu mestre e depois transformá-las em dois livros: *Entretenimento* e *Manual*.(...)". *In:* http://www.pensador.info/autor/Epiteto/biografia/. Acesso em: 16 set. 2010.

Apresentação

A estimada família de Clóvis Tavares, devotado servidor da causa espírita cristã da cidade de Campos dos Goytacazes, Estado do Rio de Janeiro, ofertou à Editora Vinha de Luz este material derivado da psicografia do médium Francisco Cândido Xavier nos idos de 1940.

Naquela ocasião, 70 anos atrás, Chico Xavier saía de Pedro Leopoldo, Minas Gerais, em longa viagem rumo a Campos, na expectativa de rever

Clóvis Tavares e participar das atividades doutrinárias da Escola Jesus Cristo, fundada por Clóvis cinco anos antes. Chico Xavier o conhecera em Pedro Leopoldo, por ocasião de uma visita que Clóvis lhe fizera e na qual Chico recebeu uma mensagem espiritual de Santos Dumont, identificando-o como um espírito amigo da família e das tarefas da Escola Jesus Cristo.

Naquele longínquo ano de 1940, após a visita de Chico Xavier, Clóvis Tavares publicou um livreto, como edição caseira da Escola Jesus Cristo, contendo o rico material das mensagens recebidas pela mediunidade de Chico Xavier como fruto de sua visita pessoal a Campos. Material esse que até hoje permaneceu esgotado.

Agora, no transcurso das comemorações do centenário de Chico Xavier, a Editora Vinha de Luz, atividade da Casa de Chico Xavier de Pedro Leopoldo, departamento do Grupo Espírita Scheilla, da cidade natal de Chico Xavier, tem a honra e a alegria de republicar este opúsculo, com o sugestivo título *LUZ NA ESCOLA — Chico Xavier na Escola Jesus Cristo de Campos | RJ.*

Dedicamo-lo ao espírito de Santos Dumont, tendo em vista as ligações espirituais que o unem à distinta família Tavares e à Escola Jesus Cristo.

Possam os leitores fazer bom proveito de seu magnífico conteúdo, rico em beleza espiritual, que patenteia a continuidade da vida além da matéria mais densa.

Belo Horizonte, 17 de outubro de 2010.[1]

Geraldo Lemos Neto

Editor

---

[1] 17 de outubro é o dia que em se comemora a fundação da Escola Jesus Cristo na colônia "Nosso Lar", por Nina Arueira. A Escola na Terra, na cidade de Campos | RJ, foi fundada dez dias depois por inspiração de Nina a Clóvis Tavares. (N.O. Flávio Mussa Tavares)

Chico Xavier
em Campos — 1940

De 25 a 28 de julho de 1940 a alma da Escola Jesus Cristo regozijou-se no Senhor! É que Francisco Cândido Xavier, havendo deixado a sua terra natal, veio a Campos conhecer e visitar a escola que Nina Arueira fundou e dirige, sob as bênçãos piedosas de Jesus.

A Escola o recebeu como um apóstolo e ele de fato o é. Apóstolo daquele Nazareno pobre, que peregrinou pela Terra sofrendo injúrias dos homens e abençoando as crianças, padecendo a incompreensão de muitos e fazendo o bem a todos.

A Escola Jesus Cristo reconhece no humilde trabalhador do Evangelho, no devotado médium Xavier, um legítimo discípulo do Salvador e, por isso, alegre e respeitosamente o recebeu, recordando-se da lição do Mestre divino no Evangelho: "Quem vos recebe a mim recebe, e quem me recebe a mim recebe Aquele que me enviou."[1]

Trabalhador de Jesus

Aquele simples e bondoso Francisco Cândido Xavier sempre foi um enigma para os estudiosos da Terra. Para nós outros, todavia, que reconhecemos com Pitágoras que sábio só existe um, que é Deus, nós outros vemos no enigmático jovem de Pedro Leopoldo o que na verdade ele é: um verdadeiro instrumento de Deus para a difusão das luzes celestiais, um genuíno servo de Jesus Cristo pela sua obediência ao Evangelho santo. Numa palavra: um "médium", como deveriam ser todos os médiuns e todos os trabalhadores da seara divina — humilde, submisso ao Céu, honrado e puro,

---

[1] Mateus, 10: 40.

simples de coração e absolutamente desprendido de todas as vaidades e misérias da Terra.

E a pessoa de Jesus Nazareno volve à lembrança de nosso coração e vemo-lo, mais uma vez, agradecer a Deus com as mesmas palavras do Evangelho: "Graças Te dou, Senhor do Céu e da Terra, que ocultaste essas coisas aos sábios e estudiosos, e as revelaste aos pequeninos."[2]

Na Estação

Um grande desejo de Chico Xavier era, há mais de um ano, o de visitar a Escola Jesus Cristo, a "oficina evangélica de Campos", como a denominou Emmanuel. E na manhã de quinta-feira, 25 de julho, o médium de Pedro Leopoldo desembarcava na Estação Ferroviária Leopoldina, em Campos. Muitos irmãos da Escola Jesus Cristo já o esperavam ansiosos, antes das 7 horas da manhã. Quando o humilde servo de Deus desceu do trem, os mais afetuosos abraços se trocaram,

---

[2] Mateus, 11: 25.

como a relembrar amizades que os séculos não destruíram, mas solidificaram. Os que ainda não lhe haviam visto o rosto sereno e bondoso como que o reconheciam. "Recuerdos... recuerdos de viejos tiempos..."[3] E nós, intimamente, admirávamos mais uma vez a misericórdia excelsa de Deus a unir, num misterioso crescendo, os corações de Seus filhos na trama admirável e maravilhosa das vidas sucessivas e solidárias a caminho do reino de Jesus.

---

[3] "Recordações, recordações de velhos tempos...".

Francisco Cândido Xavier e Clóvis Tavares em 1942

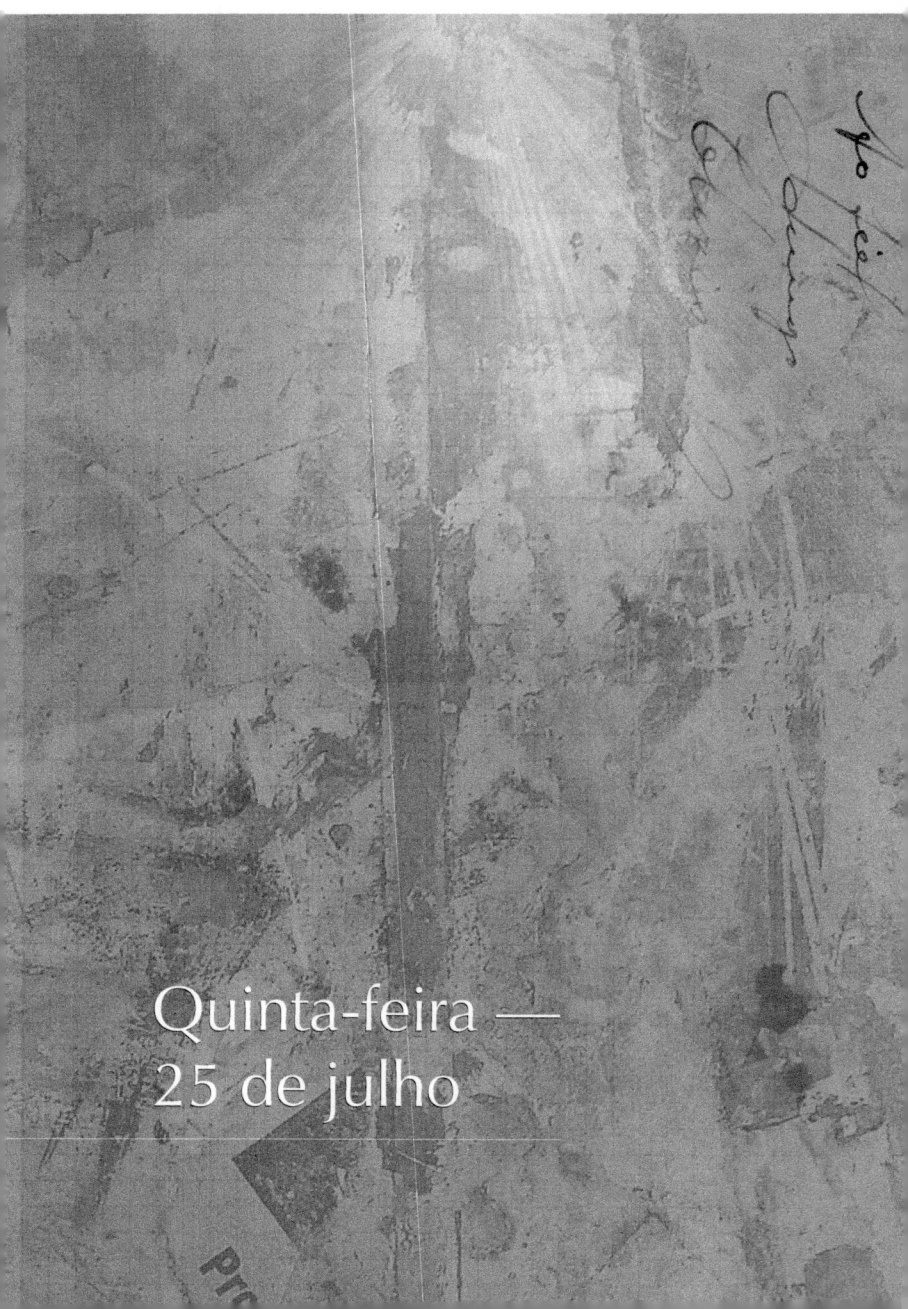

Quinta-feira —
25 de julho

A primeira reunião

primeira reunião com a presença do médium Xavier foi marcada para as 20 horas. Às 19 horas, a Sala Kardec já estava repleta. Completou-se depois, literalmente. Grupos compactos procuravam localizar-se junto das portas e das janelas, reconhecendo a impossibilidade de ganharem o salão. Seria impossível qualquer cálculo. Mas quem computasse a assistência daquela noite em mais de mil presentes bem possivelmente não erraria.

Francisco Cândido Xavier, o presidente e o diretor doutrinário da Escola entram finalmente. Ouvem-se, então, as vozes infantis elevando aos céus o "Hino a Célia", composto havia 19 séculos pela santa evangelista de Alexandria — Célia Lúcius — e recebido mediunicamente por Chico Xavier.

Respira-se uma atmosfera sideral. Virgílio de Paula, "o ancião da Igreja",[4] faz a apresentação do dedicado servo de Jesus. Todos oram, em seguida, agradecendo a Deus a dádiva de Sua bondade. Estuda-se, logo após, um tema evangélico. Depois do estudo doutrinário da noite, o médium Xavier recebe, perante a grande multidão de crentes e curiosos — médicos e operários, advogados e homens do campo, adeptos de diferentes religiões — três sonetos: de João de Deus, de Auta de Souza e de Augusto dos Anjos, e uma saudação de Nina Arueira.

Os que conheceram o patrimônio deixado pelos poetas portugueses e brasileiros, os que leram e estudaram os versos que eles legaram ao mundo, hão de reconhecê-los redivivos nestas páginas póstu-

---

[4] Assim o denominou o querido Chico Xavier ao conhecê-lo em sua visita à nossa Escola.

mas, nestas páginas mediúnicas que eles nos enviam de outros aposentos da infinita casa de Deus.

Saibam os incrédulos: o médium pouca cultura tem, havendo apenas perlustrado pobres bancos de escola primária de aldeia. Não andou em bibliotecas e academias, em ateneus ou universidades. Nasceu na pobreza, na pobreza vive, e nunca a luta pela vida lhe permitiu senão uns poucos anos de estudo primário em grupo escolar. E saibam todos que ele já tem recebido textos em espanhol, inglês, italiano, alemão, alfabeto de cegos e caracteres invertidos. E sobre os mais diversos assuntos: filosofia, medicina, direito, pedagogia, religião, química, economia política, exegética, etc. Já psicografou poesias de 42 poetas brasileiros e portugueses desencarnados, absolutamente positivados pela perfeita semelhança de estilos. E também as muitíssimas mensagens íntimas que o médium Xavier recebe são verdadeiras e consoladoras provas de sobrevivência dos nossos bem-amados, pela possibilidade maravilhosa de identificação autoral.

Leiamos agora os três sonetos recebidos "currente calamo", nessa noite inesquecível.

Na comunhão com Jesus

(Na Escola Jesus Cristo)

Nesta Escola, que é templo de bonança,
Nós queremos, Jesus, em cada dia,
Celebrar tua doce eucaristia
No Evangelho divino da esperança.

Tua palavra é o hino de alegria
Que nos envolve a fé segura e mansa;
A luz que nos ensina a ser criança,
Com o teu amor, na fonte de harmonia.

Nossos passos são trôpegos na estrada,
Nosso esforço, Senhor, é quase nada,
Mas teu braço amoroso nos conduz.

Seja conosco a paz de andar contigo,
Lendo-te o coração excelso e amigo
No banquete evangélico da luz!

João de Deus

Nota da Editora: a locução adverbial latina *currente calamo*, à p. 31, significa "ao
correr da pena".

João de Deus

O segundo é da suave poetisa riograndense do norte. Quem conhece sonetos do seu "Horto" há de reconhecê-la aqui:

Mensagem fraterna

Meu irmão, tuas preces mais singelas
São ouvidas no espaço ilimitado,
Mas sei que, às vezes, choras, consternado,
Ao silêncio da força que interpelas.

Volve ao teu templo interno abandonado,
— A mais alta de todas as capelas —
E as respostas mais lúcidas e belas
Hão de trazer-te alegre e deslumbrado.

Ouve o teu coração em cada prece.
Deus responde em ti mesmo e te esclarece
Com a força eterna da consolação.

Compreenderás a dor que te domina
Como a linguagem pura e peregrina
Da voz de Deus, em luz de redenção.

Auta de Souza

Auta de Souza

E o lápis-relâmpago de Chico Xavier continua a deslizar, veloz, sobre o papel. E veio-nos mais este soneto inconfundível do poeta do "Eu":

Homem-verme

Desolação, terror e morticínio...
O homem sôfrego e bruto, de ânsia em ânsia,
Sofre agora a sinistra ressonância
De sua inclinação para o extermínio.

É o doloroso e trágico domínio
Do "homo homini lupus" da ignorância,
Exaltando a vaidade sem substância,
Ídolo podre sobre o esterquilínio.

Por toda a parte escorre o sangue horrível,
Ao crepitar de lívidos incêndios,
Sobre a ideia cristã, medrando em germe.

Em quase tudo, o pântano terrível
De lodo e lama, em sombra e vilipêndios,
Atestando as vitórias do homem-verme!

Augusto dos Anjos

Augusto dos Anjos

Nina de volta

A fazer lembrar a "blietzkrieg",[4] *o lápis da paz continua a sua tarefa e o médium Xavier recebe esta saudação fraternal de Nina Arueira:*

Meus amigos,

É meu coração que vos fala, nesta noite, desejando-vos a paz de Jesus.

Clóvis já vos falou do Evangelho, expondo os seus pensamentos e inspirações, relativos ao fenômeno da sede psicológica que nos reúne em torno das promessas do Cristo. E é com infinita alegria que vos trago a nota alegre de meu agradecimento, misturado de saudade e afeição.

As vozes dos túmulos falam agora, sobre a Terra, de uma vida nova. Por detrás dos sepulcros, uma outra experiência começa. Uma alvorada resplandecente irradia a sua luz em promessas divi-

---

[4] Nota da Editora: *blitzkrieg* — termo alemão para "guerra-relâmpago". A expressão latina *homo homini lupus,* que figura no soneto de Augusto dos Anjos, na página anterior, significa o "homem é um lobo para o homem".

nas, emergindo dos abismos da morte, e junto de vossos corações eu entoo também o meu hino. É possível que muitos de vós outros estejais animados tão-somente de uma curiosidade nobre, em torno de nossa palavra de redivivos. Alguns anseiam pelos fenômenos, outros, por grandiosas revelações. Entretanto, nós consideramos que todos vós estais ansiosos, desejais a verdade, reclamais o caminho. E respeitando todos os vossos princípios, despreocupando-me de qualquer opinião que se não enquadre na paisagem real de nossas afirmativas, agradeço-vos comovida, desejando-vos a paz do coração, porque é com ele que vos falo, nesta hora, na tarefa de cooperação e de boa vontade dentro desta Escola que representa meu santuário.

A todos vós que me conhecestes na senda de realizações materiais eu estendo as mãos fraternas, desejosa de me manifestar plenamente aos vossos corações, com toda a intensidade dos elementos espirituais que me positivassem a presença de modo insofismável. Todavia, entre nós existe a fronteira psíquica das impressões diversas em dois mundos diferentes e tenho de me resignar com os valores do sentimento, dirigindo-vos a mensagem de minha afeição agradecida.

Sim, fala-vos agora uma Nina diferente daquela que identificáveis na vida material. Aí eram as preocupações puramente terrestres que podíeis apreender em minha alma. Agora é a minha personalidade real, ansiosa por conquistar essa água viva do amor a que Clóvis se referiu em sua exposição doutrinária sobre o Sermão da Montanha. Agora é o esforço, o desejo sadio de trabalhar com Jesus e por Jesus, construindo as belezas misteriosas de seu reino, que deverá resplandecer em nossos espíritos para a vida eterna. E agradecendo-vos por todas as alegrias que me trouxestes, nesta noite, desejo-vos a paz celestial no íntimo, essa que constitui o maior tesouro para as almas.

Em nossa tarefa de Espiritismo, nunca poderemos esquecer que a nossa missão é a de restaurar os valores da crença pura. O homem moderno carrega consigo o patrimônio das mais avançadas filosofias científicas e religiosas. Por todos os lugares surgiram as construções materiais mais preciosas em matéria de caridade e fé. No entanto, é esse mesmo homem forte e poderoso na Terra que erige o catafalco de suas riquezas, que opera a destruição e arruína os espíritos.

Os quadros tormentosos de vossa atualidade no mundo afirmam a precariedade de todos esses valores materiais que pareciam assombrosos. A onda de destruição procura assenhorear-se de todas as criaturas. Mas é que, de modo geral, o homem ainda não descobriu a grandeza eterna de sua filiação a Deus, nem se capacitou da necessidade de transformar todos os obstáculos de seu caminho terrestre em degraus de escada infinita, que deverá escalar para a felicidade de seu próprio destino espiritual, cuja beleza está aureolada por ilimitadas perspectivas.

Eis, pois, meus amigos, que aliando as minhas palavras às afirmativas de Clóvis, nesta noite, convido-vos a partilhar conosco do bom trabalho na Escola Jesus Cristo, considerando que todos os nossos valores planetários são os da Terra, como escola bendita de Jesus na preparação de todos os espíritos encarnados para a glória infinita do reino de Deus.

E a todos vós, amados, que aqui trabalhais em nome do Mestre divino, lembrando-me, muita vez, a memória humilde e singela, irmãs e irmãos dos mais necessitados do caminho da vida que amparais o infortúnio, que não vos fazeis surdos aos apelos do Evangelho, deixo-vos a todos o meu coração reconhecido, rogando a Jesus, Senhor e Mestre, que nos reúna as aspirações numa só esperança, os ideais numa só força, as atividades evangélicas num trabalho só, esperando com a mesma sinceridade no esforço comum possamos levar às realizações indestrutíveis o nosso bendito idealismo de bem trabalhar com Jesus.

Nina Arueira

Nina Arueira

Sexta-feira —
26 de julho

*F*oi uma sexta-feira que despontou linda, cheia de luz. Virgílio de Paula ofereceu um almoço ao bondoso Chico. Sol no zênite e chegávamos nós ao 56, onde nos esperava, na mesa da fraternidade, a refeição que a Sra. Zizinha preparara carinhosamente.

Está em moda agora o álbum, novamente, supomos. E, acrescentamos, entre colegiais. As meninas, sobretudo, andam a colecionar poesias e pensamentos, e pedem a seus familiares, seus colegas e amigos íntimos que deixem no álbum algum soneto célebre ou algumas palavras para mais tarde servirem de suave recordação. E assim o álbum corre de mão em mão, e dentro de algum tempo é uma delicada antologia, onde flores da amizade fraterna também se encontram. Ermelinda de Paula Peixoto é neta de Virgílio de Paula e aderiu também às alegrias do álbum, sempre mais agradável que as do ioiô e as do bilboquê. Anda enchendo o seu caderno de sonetos e poesias.

Casimiro Cunha

E após o almoço, no velho solar de vovô Virgílio, Ermelinda pede ao médium Xavier que deixe ali também o testemunho de sua passagem por Campos, transcrevendo alguns versos do "Parnaso de além-túmulo".

Chico senta-se à mesa, na sala próxima, e recebe o seguinte, escrito no álbum da jovem liceísta:

Apelo à Ermelinda

Ermelinda, a nossa Escola
É um templo de amor e luz!...
Eleva-te, vence o mundo!
Vai trabalhar com Jesus!

Casimiro Cunha

E o nosso Chico, delicadamente, entrega a Ermelinda o álbum. Ela vai lendo... mas antes de terminar a leitura cai em pranto convulsivo. Chora. Chora muito. Compreendera o apelo! Ela havia deixado a Escola Jesus Cristo havia cerca de um ano. E o poeta evangelista, pela mediunidade de Chico Xavier, trouxera-lhe um pedido profunda-

mente emocionante. Foram, no entanto, lágrimas de compreensão que trouxeram, logo após, uma alegria nova: a de voltar ao redil do divino Pastor. E voltou de fato. Matriculou-se novamente na Escola Jesus Cristo e o seu exemplo valeu, porque algumas outras ovelhinhas retornaram também ao aprisco. Deus as conserve em Sua luz!

A caminho de Guarus

À tarde, fomos ao caldo verde oferecido pela família Bonifácio de Carvalho e esplendidamente preparado pelas senhoras Mariquinhas e Candinha. Após o ágape fraterno, onde a alegria também foi um prato, vão todos à Escola Jesus Cristo e de lá o exército sem armas se dirige a Guarus para a reunião na Escola Allan Kardec, filial da Escola Jesus Cristo. Após a pregação evangélica da noite, sobre a parábola das dez virgens, feita pela irmã Isolina Rocha, dirigente da Escola Allan Kardec, o médium Xavier recebeu duas mensagens: uma de Casimiro Cunha e outra de Quininha, que é como se chamava na intimidade familiar a mãe do nosso irmão Virgílio de Paula, a Sra. Joaquina A. da Silva.

No estudo da parábola

Minha irmã, Deus te abençoe
O esforço amigo e fraterno
No Evangelho de Jesus,
Que é o nosso tesouro eterno.

Cada palavra amorosa,
Nas sendas da pregação,
É mais luz na tua estrada
De vida e de redenção.

Trabalha. Luta. Esclarece.
Prossegue no teu labor.
Jesus estará contigo
No esforço consolador.

Guarda a lâmpada de Cristo
Entre as sombras e escarcéus,
E hás de ter em teu caminho
As luzes da Luz dos céus!...

Casimiro Cunha

Em seguida, ao correr impetuoso do lápis...

Ao meu filho

(A Virgílio de Paula)

Meu querido filho,

Deus te abençoe o coração. Na verdadeira estrada de Deus, eu venho felicitar-te as tuas preces e as tuas amorosas vibrações. Reconhecida, elevo ao Todo-Poderoso a expressão do meu reconhecimento. É que na sua infinita piedade Jesus permitiu que eu te viesse trazer, de novo, a minha afetuosa ternura. Desejava fazer o mesmo com todos os que se constituíram em filhos de minh'alma nas estradas do mundo, entretanto, elevo ao Senhor o meu pensamento feliz pela possibilidade de te manifestar os meus pensamentos mais ternos e profundos.

Meu coração está cheio de nossas queridas lembranças do Imbé e as minhas são filhas do mesmo amor devotado e sincero de todos os tempos.

A vida de além-túmulo não nos priva desse conforto sagrado de aproximação e de convívio com os entes mais queridos do coração. E aproveitando o ensejo bendito da bondade de Deus aqui estou para implorar as Suas bênçãos para o teu espírito dedicado e trabalhador.

Meu filho, regozija-te nos sofrimentos que purificam e salvam. Grande é a luta transformadora, porém o amor de Jesus excede sempre as nossas expectativas.

Aqui desfizeram-se as minhas ilusões religiosas, com respeito ao culto externo que meu coração havia herdado de quantos nos haviam precedido. O que hoje realizas, pela bondade do Todo-Poderoso, tive que edificar com um trabalho maior. A vida da alma não se constitui de uma falsa adoração aos símbolos da Terra e como hoje o fazem as netas bem-amadas fui obrigada a examinar o espírito dos ensinos do Evangelho do Cristo, cooperar com a sua bondade nas lições purificadoras de seu amor em meu próprio benefício e, graças ao amparo de tuas orações e à assistência espiritual de amigos abnegados deste novo plano da vida, vou aprendendo a encontrar a luz do Céu em meu esforço próprio, colaborando contigo em tua tarefa de abnegação e amor. Sei que muito grandes são os teus trabalhos, mas todo esforço pelo bem é justo e santo.

A cada um dos que te cercam o coração bondoso e amigo no lar oferece o patrimônio de tuas abençoadas conquistas.

Aqui me ensinam que os trabalhadores vitoriosos não são aqueles que descem para a morte do corpo de uma galeria dourada, mas justamente aqueles que alvejam os cabelos no sacrifício e no esforço santificados pelo bem geral.

Sinto-me agora altamente feliz, pois recebi a incumbência, sagrada para mim, de cooperar com Inaiá em sua missão de amar e amparar os pequeninos. Alta noite, quando todos se entregam ao repouso, eu procuro fortalecer-lhes o coração para a tarefa sagrada.

Nós, meu filho, somos daquelas árvores que se enriquecem de pássaros e ninhos. Inaiá é também sua herdeira. Teu lar é como a nossa antiga casa, onde a alegria das crianças sempre se misturou à experiência dos que envelhecem e eu me sinto feliz por colaborar na obra santificada que se procura realizar aqui sob os auspícios divinos do Evangelho de Jesus.

Nunca te deixes enfraquecer em face das lutas. Cada trabalho, meu bom Virgílio, é uma bênção de Deus. E já que a bondade infinita dos céus me permitiu o favor da palavra materna nesta noite, quero estender os meus votos de paz a todos, inclusive à Zizinha, companheira abnegada e uma irmã de todos nós pelo coração e pelo sacrifício.

E agora, meu filho, deixa que aquela que foi a tua velhinha na Terra se despeça temporariamente de ti, implorando as bênçãos de Jesus para o teu coração.

Que ele, o divino Jardineiro, continue cultivando em teu espírito as flores do esforço e do trabalho, da paz e da esperança, é a prece daquela que foi a mãe carinhosa do mundo e devotada irmã do plano espiritual,

Quininha

Declaração

Sobre a mensagem de sua mãezinha, vejamos o depoimento filial, verdadeiro testemunho que a todos reconforta e renova:

A mensagem é uma fotografia de sua alma. A delicadeza, o modo conselheiral, a maneira humilde e afetuosa de dizer são bem suas, não pode haver dúvidas, e identifica-se ainda pelas referências que faz. Refere-se aos benefícios de minhas preces e amorosas vibrações e, realmente, desde a sua desencarnação nunca deixei, um só dia, de orar pela sua felicidade espiritual, pois ainda que tivesse confiança em que sua situação no espaço não seria má, pela sua bondade, amor a Deus e espírito de justiça, eu, sendo espírita, não havia ainda recebido nenhuma notícia sua. As minhas orações foram, pois, sempre constantes, pedindo a sua felicidade dentre os entes mais amados e desencarnados primeiro que ela. E ela agradece, mas como na sua doce humildade em vida sempre me agradeceu as míseras dádivas que eu lhe fazia e que, por fazê-las, já constituíam uma farta recompensa para mim. Não se esqueceu do

Imbé, o nosso querido torrão natal, e refere-se às alegrias de nossa antiga casa, sempre cheia de crianças, seus filhos e outros nossos amiguinhos da vizinhança. Eram alegrias em folguedos sempre comedidos e honestos, com a liberdade que se deve dar às crianças e jovens, temperada com a educação fina e cuidadosa que recebíamos dela, de meu pai e dos nossos maiores, com a noção do cumprimento do dever. Alegrias de que todos eram participantes, por isso diz ela: "(...) onde a alegria das crianças sempre se misturou à experiência dos que envelheciam".

Perfeita, bela e comovente para mim é também esta sua imagem de expressão tão doce e simples: "Nós, meu filho, somos daquelas árvores que se enriquecem de flores e ninhos". Sim! E esse singelíssimo trecho de sua mensagem evoca-me todo o nosso passado no Imbé, aquela terra abençoada e encantadora! Lá existem mesmo árvores frondosas e belas, onde os pássaros em alvoroço e alacridade esvoaçam, saltitam, cantam e constroem os seus ninhos! E também assim lá sempre fomos a partir de meus avós. Ela mesma teve muitos filhos e cada um que se casava não muito longe formava o seu lar, ninho esse que, por sua vez, ia se enchendo de criancinhas. Inaiá, a quem ela cita, é minha filha, e que ainda muito jovem e solteira tem, contudo, um grande amor às crianças, tomando os recolhidos da "Casa da Criança" como seus filhinhos espirituais.

Zizinha, a quem igualmente faz alusão, é minha esposa e minha boa companheira nas lutas desta vida e em quarenta e sete anos que somos casados a sua vida tem sido só de abnegação e sacrifício em prol da família e daqueles que o bom Deus permitiu que abrigássemos com amor em nosso lar. E minha mãe, na sua bondade e justiça, reconhece esse espírito de enorme sacrifício e não quis deixar de premiá-lo com a lembrança amiga e os seus bondosos votos de paz.

Tudo, enfim, o carinho, o amor, a bondade e delicadeza que perfumam suavemente a sua mensagem é característico de seu coração generoso, humilde e justo.

Minha mãe era católica e profundamente religiosa. Tinha um bom oratório, repleto de imagens de santos e livrinhos de rezas. Daí, sem dúvida, aquele trecho de sua mensagem: "A vida da alma não se constitui de uma falsa adoração aos símbolos da Terra e como hoje o fazem as netas bem-amadas fui obrigada a examinar o espírito do Evangelho do Cristo".

Mas há ainda um fato que não devo deixar oculto. Naquela noite, em que foi recebida a mensagem na Escola Allan Kardec, estando eu sentado junto ao médium Francisco Cândido Xavier, e muito atento à pregação de nossa irmã Isolina Rocha, diretora daquela filial, quase no fim da prédica o nosso irmão Xavier, aproximando-se mais de mim, perguntou-me ao ouvido: "Sua mãe chamava-se Quininha?" Eu, muito admirado, pois que ninguém, por certo, lhe dissera o nome de minha mãe, falecida havia alguns anos, respondi que sim. Disse-lhe que o seu nome próprio era Joaquina, mas que todos a conheciam por esse apelido, mesmo as mais cerimoniosas a chamavam "Dona Quininha". Era, pois, o seu nome. Deu-me ele a entender que ela estava presente à nossa reunião e com isso fiquei contentíssimo, mas confesso que não esperava a sua (para mim) tão bela e emocionante mensagem. Devo dizer também que só conheci o médium Xavier nesta sua visita a Campos, e que antes da sessão no "Allan Kardec" o pouco tempo em que estive com o mesmo foi sempre em torno a muitas outras pessoas, que o distraíam de todos os modos, não havendo oportunidade para uma palestra íntima entre nós, em que lhe desse conhecimentos da vida de minha mãe. De modo que ele não devia ou não podia saber como ela se chamava. Eis aí ainda mais uma boa prova de sua identidade, além das que já assinalei.

De todo o meu coração, agradeço aqui ao distinto médium tão grande consolação e alegria de que foi portador pela sua extraordinária mediunidade, com a íntima e querida mensagem de minha mãe.

Virgílio de Paula

Essa carta-testemunho de nosso amigo Virgílio atesta a identidade do espírito materno com os cuidados de um filho que cumpre bem o quinto mandamento da lei de Deus.

Virgílio de Paula

Sábado —
27 de julho

Às onze e meia da manhã do sábado, o irmão Floriano Peixoto de Oliveira oferece, em seu lar, um almoço ao querido visitante e às quinze e trinta minutos, em casa do irmão Amaro da Costa Pinto, faz-se a segunda refeição do dia. Em seguida, todos se dirigem para o bairro do Queimado, onde, à Rua Silva Jardim, número 8, no lar evangélico de Brasilino Soares, funciona outra filial da Escola Jesus Cristo, a Escola Adelino Lemos, dirigida pela irmãs Salvadora Assis e Elza de Paula Siqueira.

Na casa humilde realiza-se, naquela tarde saudosa, a terceira reunião. Salvadora e Elza pregam a palavra de Jesus e, logo após, Chico Xavier psicografa mais duas mensagens. A primeira de Adelino Lemos, antigo e devotado trabalhador do Evangelho em Campos, uma das veneráveis figuras da velha geração, primícias do Espiritismo em nossa terra. A outra de Olímpio Almeida, também muito conhecido em nossa cidade, onde deixou vasto círculo de amigos pelos seus elevados dotes de coração, auras de uma vida honesta, dedicada à família, ao bem e ao trabalho. Sua esposa, a Sra. Conceição, e sua filha Margarida são recém-adeptas e estavam presentes à reunião, juntamente a Maria Amélia, também filha do casal.

Adelino de volta...

Envolvendo ambas as devotadas cooperadoras desta casa no meu amplexo espiritual, venho trazer-vos o meu voto de paz em Jesus Cristo.

Esta casa de trabalho evangélico recorda o meu nome singelo; mas, em verdade, também eu integro o grupo de aprendizes cristãos que aqui se reúne, prosseguindo no mesmo esforço autoeducativo do passado, em que o Espiritismo constituía para a minha alma pobre a abençoada e grande revelação. Sintamo-nos felizes por compreender os problemas doutrinários em sua feição religiosa. Muito se tem falado no mundo de fenomenismo e ciência. As espetaculosas demonstrações materiais surgem por toda parte, novos agrupamentos de investigação e de análise se formam em todos os lugares, mas os companheiros em humanidade nem sempre se recordam de investigar e inquirir a si próprios. É por isso, amigos, que o Espiritismo dos fenômenos poderá edificar opiniões respeitáveis, mas somente os que se capacitarem de suas consequências, nos domínios do sentimento, conseguirão encontrar a verdadeira realização da crença com a paz real do mundo interior, única condição de felicidade para as almas por constituir o princípio de união da criatura com Deus.

A Doutrina, pois, é reforma individual com o Cristo, é realização interna do homem, é a extinção das fantasias dos sentidos frágeis para que o homem compreenda a si próprio, solucionando as suas necessidades de luz e de redenção. Os mais belos fenômenos, quando não apreciados com a sinceridade do coração, podem passar como os fogos fátuos que fazem as mentirosas alegrias de uma festa do mundo. As mensagens mais edificantes, quando não interpretadas com o sentimento, podem morrer como os ecos de uma sinfonia maravilhosa depois de um concerto harmonioso de sons passageiros do orbe. É por essa razão que nenhum outro fenômeno existe mais formoso e profundo que a localização do Cristo na história planetária e nenhuma outra mensagem existe mais real que o seu Evangelho, endereçado ao espírito coletivo das nações, dos povos e dos agrupamentos familiares da vida terrestre. A essência do Evangelho é a essência da vida imortal. Sua substância é a da edificação perfeita do homem para o Criador.

Elevando ao Senhor os meus votos pela finalidade de nosso grupo humilde, e esperando que possamos reunir os sentimentos mais singelos em torno do banquete da palavra de Jesus, sente imenso júbilo por deixar-vos os votos de esperança e de paz o menor dos servos, em Jesus Cristo,

Adelino Lemos

A saudade é um hino

Conceição, Margarida, Memé, eu sou aquele espírito humilde e pobre que conseguiu comparecer à festa de Jesus. Venho dizer-te, minha companheira querida da vida material, que seques tuas lágrimas de saudade e de dor.

Filhas amadas, transformemos a saudade num hino de agradecimento a Deus, porque nós não entendíamos Jesus e agora buscamos compreendê-lo. As preces que me têm enviado foram um bálsamo sacrossanto para o meu coração. A morte é, de todas as separações, a mais dolorosa e a mais triste, porém é com os seus sofrimentos que abrimos o coração para uma vida mais vasta.

Conceição, minha querida, vês que o velho companheiro de tantos anos não te poderia esquecer! Eu estou contigo e te beijo as mãos. Agora recordo-me bem dos mínimos detalhes do passado para reconhecer quanto é grande o teu sentimento de dedicação no esforço de esposa e mãe! Perdoa-me, pois bem reconheço os sacrifícios que minha vida exigiu de tua vida, que meu coração reclamou de teu coração bondoso! Eu bem quisera continuar aí no mundo ao teu lado, mas os desígnios de Deus são mais fortes e justos. Se eu não partisse, não estaria sentindo tanta felicidade por compreender melhor a Jesus e se amargo tem sido o cálice de nossa separação também tens o tesouro da fé viva, que coisa alguma do mundo poderá subtrair.

Nossa Margarida também enche o teu espírito saudoso com os cânticos de sua escola. Memé e Zélia, bem como o filho querido, ouvem-te as palavras de resignação e se encontram também felizes! Que desejo mais, minhas queridas, senão trabalhar agora para também ser digno do trabalho com Jesus?

Peço, pois, a todos os da casa, que esqueçam a dor para guardarem o tesouro da esperança! Quero que Margarida cante alegremente para a tua alma, a fim de que adquiras a alegria de viver, sabendo que, no plano espiritual, há o coração do esposo amigo que pede a Jesus pelo teu, resgatando uma dívida sagrada de imenso e de infinito amor.

Peço ao Altíssimo que abençoe as minhas filhas bem-amadas, proporcionado-lhes todos os bens que o aprendizado no mundo pode oferecer. E, por hoje, guarda o meu adeus afetuoso, crente de que o túmulo é somente uma porta para outra vida mais real e mais bela, onde o coração, porém, não pode esquecer os entes bem-amados que ficaram na Terra, aguardando o reencontro feliz. Que Deus nos ilumine e me faça compreender cada vez mais que, em toda parte, nós podemos estar juntos pelos laços sacrossantos do coração e do espírito.

Reconhecido e feliz pela esmola que Jesus nos concede, peço ao Céu para que as bênçãos do amor de Deus estejam com todos,

Olímpio Almeida

Nos caminhos da verdade

Em seguida, todos nos dirigimos à Escola Caminheiros da Verdade, que é outra filial da Escola Jesus Cristo, funcionando à Rua Formosa, 24. Fizeram breves alocuções os irmãos Virgílio de Paula, Domingos Serpa Júnior e a irmã Inaiá de Paula, dirigente da filial, discorreu sobre "A amizade a Jesus", baseada em João, 15: 14.

O médium Xavier capta, em seguida, três comunicações: uma do Padre Des Touches, sacer-

dote católico na última encarnação, havendo vivido em Campos, onde foi um franciscano por sua imaculada vida de humildade, pureza e dedicação a Deus. Um cristão de verdade, caridoso e justo. Outra de Silvinho Lessa, filho de nosso amigo Amaro Lessa, desencarnado aos onze anos, e a terceira de Olímpia de Andrade, que professou o protestantismo em sua última existência e era mãe por adoção de Artur Xavier dos Santos, cooperador da Escola Jesus Cristo.

O amigo de Jesus

O amigo de Jesus é o caminheiro da verdade. O Evangelho é o seu roteiro, a fidelidade é a sua força, o amor, a sua razão de viver.

Os que se desligam das emoções penosas do mundo em Jesus Cristo experimentam em seus espíritos a luz intensa e eterna de uma alvorada nova. E as ilusões de uma vida terrestre são igualmente emoções penosas e tristes para as almas, em sua visão verdadeira da vida real.

O amigo do Mestre é aquele que se tornou o devotado companheiro de seus irmãos; é o que se fez um com o Cristo, como Jesus se fez um com o Pai.

Não há condição mais bela, nem mais feliz, que a do homem que, embora em luta purificadora na Terra, se entregou ao coração daquele que é a claridade abençoada dos séculos terrestres.

O amigo de Jesus sabe receber sua boa dádiva em todas as características de seu caminho de esforço e de redenção.

Para ele, a flor tem uma linguagem, como o raio de sol que lhe traz a vida. Sua estrada está cheia de sugestões sublimes e maravilhosas. Sabe vencer o sucesso e o infortúnio, compreendendo que só a Jesus cabe a vitória final e a glória inteira do bem.

Seus passos desenvolvem-se na senda da renúncia perfeita pela tranquilidade de seus irmãos. Suas lágrimas secam os prantos alheios, suas dores aliviam outras dores.

Suas demonstrações não são ruidosas e a renúncia é o seu modo de agir para que se anulem todos os conflitos da violência e todos os antagonismos do mal.

Os verdadeiros cristãos, recebendo as dádivas generosas do Céu em seus espíritos, através das luzes da Nova Revelação, necessitam entender esse apelo profundo do Evangelho.

A amizade de Jesus, no culto interno do coração, deveria representar o programa de cada dia, o dever primordial para todas as expressões de existência e de obrigações.

É que essa união com o Cristo é o escopo de todas as atividades do homem no planeta. O canto da ambição e do egoísmo fez com que o mundo adormecesse sobre as falsas ideias de redenção.

A própria família cristã, em suas primeiras manifestações de fé, não conseguiu ainda entender e aplicar esse ideal de integração e de amizade que o Mestre pede aos seus discípulos.

A discórdia lavrou em suas fileiras o incêndio das grandes dissensões. Há irmãos que se repelem uns aos outros, sem compreender que sem esse testemunho de amor ao companheiro do mundo muito menos poderemos testemunhar amizade e dedicação a Jesus Cristo.

Nossas almas, através de vidas numerosas e de difíceis experiências, estão exaustas dos enganos que operam nosso estacionamento a caminho dos triunfos do espírito.

Recordemos quanto nos pede o mundo pela fidelidade às suas ilusões. Vejamos o quadro onde havemos repousado, distante da situação de amigos de Jesus.

Quando damos curso à mentira, temos de cair nos seus laços; quando violamos o bem alheio, pagamos, na consciência, um preço terrível e doloroso.

Quando erramos, somos compelidos, às vezes, a angustiosas retificações.

Se desperdiçamos o tempo, temos de reconstruir com asfixiante amargura. Esses são os preços da Terra para os nossos desvios da amizade a Jesus.

Se o mundo exige tanto, reconheçamos agora que o Mestre quer apenas de nós o coração bondoso e unido a ele através da integração com todas as criaturas.

Nesta noite, amigos, tomemos por lema essa grande meditação. Como amigos inconscientes do mundo, e esquecidos do Evangelho, nossas dívidas serão amargosas, sem qualquer perspectiva de paz para a alma exausta no caminho da experiência, e como amigos de Jesus seremos os amigos conscientes e fraternos do mundo, sem débitos escabrosos e sempre prontos ao bom trabalho com o Mestre, dentro das radiosas perspectivas de sua paz e de seu amor.

Esta é a minha humilde lembrança, não somente para vós os que mourejais no caminho das lutas materiais, mas também para nós, os que trabalhamos fora dos liames da carne na execução das tarefas santificantes do espírito.

Sejamos, pois, em todos os instantes de nossas atividades, os amigos sinceros e reais de Jesus.

Des Touches

Padre Des Touches

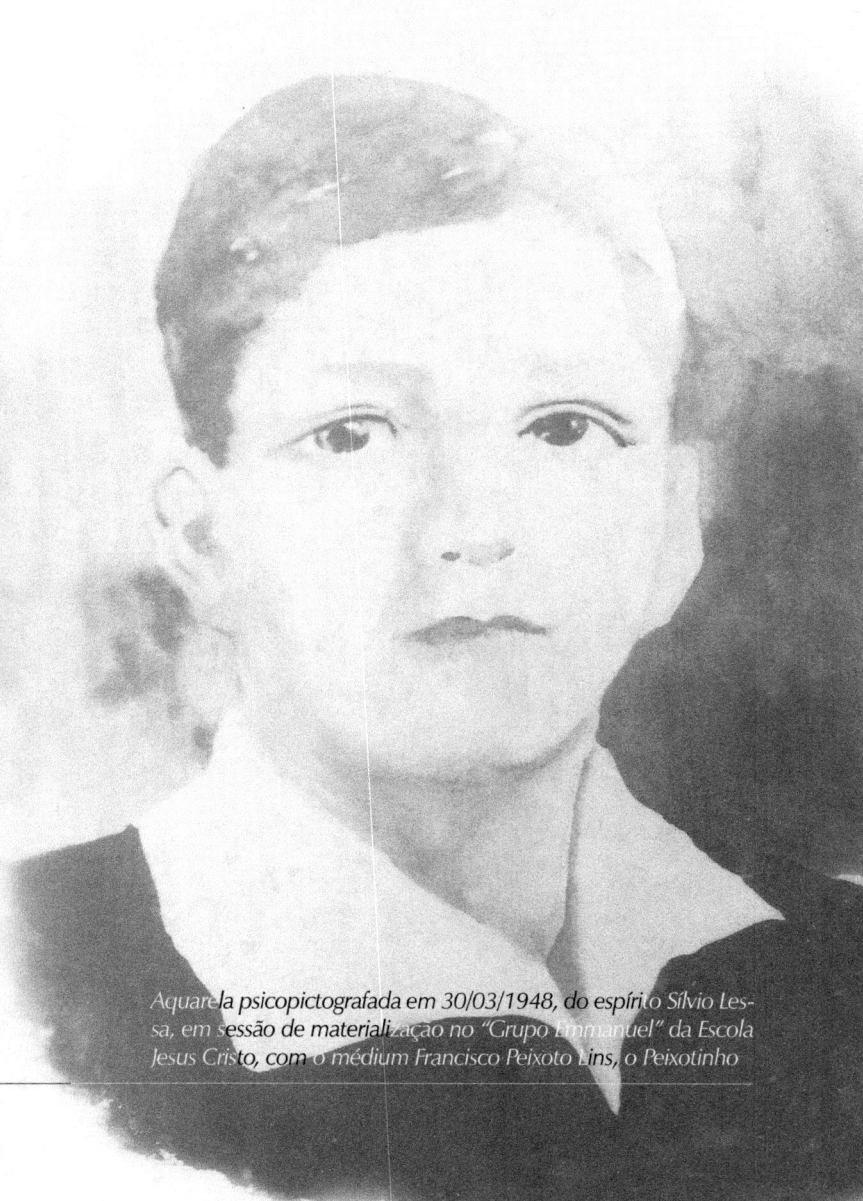

Aquarela psicopictografada em 30/03/1948, do espírito Sílvio Lessa, em sessão de materialização no "Grupo Emmanuel" da Escola Jesus Cristo, com o médium Francisco Peixoto Lins, o Peixotinho

Ao meu pai

Meu querido papai,

Peço ao seu bom coração, bem como à mamãe, que me abençoem.

Os espíritos caridosos do lugar onde me encontro me trouxeram hoje para rever a casinha muito amada, os pais carinhosos e queridos, como o fazem de vez em quando.

Eu estou alegre e peço ao senhor que prossiga confortando a mamãe na sua saudade imensa. Eu também sofri muito com a nossa separação. O desastre me havia deixado impressões muito dolorosas, mas eu agora sei, como o senhor e mamãe hão de saber, mais tarde, por que tudo aquilo aconteceu.

Tudo foi justo e a minha partida fez com que o seu coração se elevasse a Jesus num caminho de santo fervor. O senhor hoje crê, tem paciência, é amigo das criancinhas. Eu trazia uma grande saudade da casa quando escutei na Escola Jesus Cristo aquela história do bezerro que se havia separado de sua mãe. E então compreendi que o senhor e a mamãe atravessaram muitos obstáculos e para irem ter com o filhinho inesquecido encontraram forças para a estrada que vai até Jesus. Penso que o nosso lucro espiritual foi muito grande. Diga à mamãe que nunca a esqueço. As coisas que me foram ensinadas em casa não esqueci em hora alguma! Em todos os momentos difíceis, lembrei-me do bom procedimento que ela sempre desejava de nós. Tive muita saudade de nossos passeios, de meus estudos que se iniciavam, mas sei que o menininho José Carlos me substituirá muito bem, junto da afeição de todos em casa.

Quando eu não tinha resignação, diziam-me aqui que o senhor e a mamãe são também filhos de Deus como eu, e isso me aliviou. Penso, desse modo, que lhe contando essas coisas o senhor se animará sempre e cada vez mais para o bom trabalho em que se encontra. Quando for em favor dos pequeninos desfavorecidos pelo mundo, mas nunca esquecidos de Deus, o seu coração há de me ver no sorriso de todas as crianças a quem estimar como seus próprios filhos. Eu estarei satisfeito com isso e pedirei a Jesus que conte as vezes que o senhor e a mamãe sorriram para os pequenos desamparados, e quando for feita essa conta eu hei de multiplicá-la com o meu coração afetuoso e hão de ver que o Silvinho há de ser atendido pelo Céu.

Agradecendo a Jesus essa alegria de lhes enviar uma palavra para casa, em continuação ao pouco que já tenha feito, recebam o beijo do filhinho que hoje é também seu irmão,

Sílvio

Sobre a mensagem de Silvinho Lessa

Mais um testemunho da inegável verdade espiritual que afirma a relação contínua entre os dois planos da vida. Sílvio declara na mensagem: "Eu trazia uma grande saudade de casa quando escutei na Escola Jesus Cristo aquela história do bezerro que se havia separado da mãe. E então compreendi que o senhor e a mamãe atravessaram muitos obstáculos..."

Essa história é uma pequena parábola do sadu Sundhar Singh, o célebre filósofo cristão da Índia. Ei-la, em síntese: um camponês, guiando uma vaca e um bezerrinho, desejava atravessar um riacho. Mas à margem do regato a vaca detém-se, não querendo mais traspassá-lo. O camponês, jeitosamente, procura conduzir o animal, mas este, rebelde, continua imóvel. Cansado, depois de vãos esforços, o campônio teve uma ideia, pondo-a em prática. Segurou nos braços o bezerrinho e o levou para a outra margem do ribeiro. Vendo a vaca o seu filhinho do outro lado, dá por finda a sua rebeldia e atravessa o riacho para juntar-se ao seu filho. O sadu relembra que a Providência utiliza esse processo para encaminhar criaturas que se conservam à margem do rio da verdade, não animadas a atravessá-lo. O afastamento de um ser querido para o além produz, muitas vezes, a disposição de amor e obediência às realidades espirituais do outro lado da vida.

Essa é, em síntese, a parábola de Sundhar Singh. E eu a relatei, de fato, há cerca de um ano na Escola Jesus Cristo, mais de uma vez. Uma delas às crianças e outra numa reunião doutrinária de sexta-feira à noite. Numa dessas vezes, ficamos sabendo pela mensagem, esteve presente o Silvinho Lessa, que gostou da analogia do sadu indiano e a ela se referiu em seu comunicado. Por não esquecer de que há materialistas no mundo e não escasseiam os desconfiados, devo esclarecer que o médium Francisco Cândido Xavier não conhecia a parábola do filósofo hindu, nem no momento eu me recordava dessa simples ilustração, há muito citada. É mais uma prova da presença invisível de nossos irmãos libertos da carne, confirmando aquela soleníssima afirmativa do autor da epístola aos hebreus: "Somos cercados por uma nuvem de testemunhas".[5]

Acrescento agora o depoimento do pai do menino comunicante, o irmão, diretor de nossa casa, Amaro Lessa:

Esta mensagem é absolutamente autêntica. Por simples afabilidade, não me seria lícito assim afirmar se algum resquício de dúvidas tivesse. Sem sombra de vaidade ou pretensão de sabedoria,

[5] Hebreus, 12: 1.

mas seguindo as recomendações de Allan Kardec, que nos incita a examinar cuidadosamente as comunicações de além- túmulo, a fim de não cairmos em falsa orientação doutrinária, ministrada por espíritos enganadores, asseguro que me despi da emoção natural para analisar com cuidado o seu teor.

Sílvio deixou a Terra com onze anos incompletos. Cursava, já, o ensino secundário. Sempre fora muito estudioso, comportado e obediente, e em qualquer circunstância mostrava-se estoico para não nos afligir. Tocou em pontos absolutamente desconhecidos, mesmo de muitas pessoas de nossa família, cuja realidade é indiscutível.

Essas pequeninas coisas são poderosas para identificar sua personalidade, como um rigoroso exame de contexto das mensagens instrutivas, de ordem doutrinária, identifica o grau de pureza de propósito dos espíritos que a transmitem, deixando trair a sua origem.

Não venho "soprar na trombeta de Josafá", como disse Humberto de Campos, para me fazer crido, nem pretender com isso arrumar adeptos

Sílvio Lessa com a mãe e o pai, Amaro Lessa, em Santa Maria Madalena, Rio de Janeiro, em 1933

para o Espiritismo. Nem o Espiritismo anda à procura de crentes e nem eu de publicidade. Entretanto, assim como a Doutrina tem por finalidade fazer cristãos, sem se preocupar com a religião que abracem, julgo meu dever não esconder sob o alqueire uma luz que poderá iluminar outros corações. Só por isso aquiesci na publicação da mensagem e me externo sobre a mesma.

À semelhança de quem indica um remédio ao doente, sem, contudo, obrigá-lo ao seu uso, eu digo que à luz da revelação espírita ganha-se muito esclarecimento e muito conforto moral.

Sem, todavia, aconselhar a quem quer que seja que perambule por sessões mediúnicas, peço que examinem o maior livro que a humanidade recebeu até hoje: o Evangelho de Jesus Cristo.

Amaro Lessa

Judiciosas palavras que muito acrescentam à rede de confirmações que fazem de nosso querido Chico Xavier uma ponte entre os dois mundos.

A um filho do coração

Meu caro Artur,

Deus te abençoe o coração, concedendo-te a Sua paz santa. Aqui estou. A morte não me abriu um dia do juízo, nem me fez esperá-lo indefinidamente. Esse juízo, meu filho, está vivo em minha consciência. Venho dizer-te que hoje estou compreendendo o Evangelho de modo melhor. É possível que alguns de nossos mais amados do mundo não entendam agora a minha voz. Não estranharei isso. Se a mesma situação se verificasse comigo, eu veria no fato uma expressão do "poder de Satanás"! Mas a verdade não deixa de ser a verdade e eu estou aqui. "Satanás" está no mal que as criaturas humanas parecem perpetuar na superfície da Terra. Nesse ponto, como em outros mais, o Espiritismo veio trazer ao planeta grandes revelações. Despertei, a meu ver, muito tarde para essa realidade eterna, mas Deus, que é Pai amoroso e magnânimo, não me abandonou na hora extrema, em que tive que deixar o mundo com a morte material. Acima de tudo, sinto o grande consolo de haver sido muito sincera. Sentia o Evangelho redentor no mais íntimo do coração e o sentimento me salvou. Através de todas as tempestades, eu confiei e estou feliz. Isso, no entanto, não impede que eu venha proclamar-te a verdade nova. Graças à magnanimidade divina, eu estou confortada e rendo louvores ao Onipotente.

Peço continuar, como sempre, no problema da fé dentro do ambiente familiar. Educa os filhinhos na mensagem e na exemplificação de Jesus, mas não force a nossa boa Chiquita em questões religiosas. Ela é a discípula carinhosa e sincera de Jesus e tem para ele o coração. Dar ao Mestre o nosso coração pela bondade é a nossa primeira obrigação. Chiquita já o fez e eu me sinto ditosa em afirmá-lo. Aliás, a crença não representa obstáculo entre a sua alma e nós. Quando escreveres à Adelaide, dá-lhe minhas notícias. Não acredito que os meus entes mais queridos do mundo me possam aceitar a mensagem afetuosa, mas que Jesus os abençoe. Que na Sua bondade possa o nosso Pai trazer-te o espírito em graças perenes, é a prece de tua mãe pelo coração,

Olímpia de Andrade

Ação piedosa do bem

Já Augusto Comte dizia, em suas intuições do positivismo, que os vivos são sempre, e cada vez mais, governados, necessariamente, pelos "mortos". Sim, os seres que atravessaram a porta da morte exercem sobre os que ficaram notáveis influências. E as entidades de luz são bem aqueles anjos de que fala o escritor da epístola aos hebreus, aqueles "espíritos ministradores enviados para servir em favor daqueles que hão de herdar a salvação".[6]

No Rio de Janeiro, em julho último, o prezado confrade Manuel Quintão, vice-presidente da Federação Espírita Brasileira, contou-me um fato que bem demonstra, insofismavelmente, a ação piedosa dos espíritos do bem.

Estava o nosso irmão em julho do ano findo de 1939, e resolveu repor em seu lugar o piano da sala, afastado por motivo de limpeza do prédio. Ao segurá-lo, porém, ao dispender os esforços necessários, esquecido de que sua avançada idade

---

[6] Hebreus, 1: 14.

não lhe permitiria tamanho gasto de energias, seu corpo, exausto das lutas da vida, não resiste e sofre o nosso confrade contorção da coluna vertebral, caindo ao chão, debaixo de fortes dores. É imediatamente levado para o leito, onde permanece, com a visita inesperada de violentas dores físicas. Enquanto o corpo padece, o espírito trabalha e pensamentos tristes invadem-lhe a mente. O nosso irmão julga não resistir ao choque violento e intimamente calcula que é chegada a hora de deixar a existência planetária. Não sente esperança de cura, notando os rigores da dor física que o retém ao leito.

Dois dias após o ocorrido, da cidade de Pedro Leopoldo o médium Francisco Cândido Xavier, ignorando completamente o acontecido no Rio de Janeiro, escreve pequena e aflitiva carta ao irmão Manuel Quintão, acompanhada de uma confortadora mensagem de Emmanuel. O sábio e bondoso espírito, ciente do fato doloroso, escreve pelo lápis de Francisco Xavier palavras de ânimo dirigidas ao vice-presidente da Casa de Ismael. Ei-las:

Meu amigo, que Jesus te conceda constantemente ao coração os tesouros de sua paz sacrossanta, restaurando as tuas energias, postas a serviço da semeadura de suas verdade divinas. Não preciso das fórmulas humanas para levar-te a minha visita fraternal, com os meus votos de tranquilidade em nosso divino Mestre, mas sinto-me bem dentro da possibilidade de consolidar esses votos, com a cooperação do instrumento humano.

Temos estado junto de ti, insuflando-te ao coração a coragem necessária para as lutas terrestres. Os anos do mundo são bem os marcos da excursão pelo aprendizado e quando a alma encarnada se senta à beira do caminho, compelida pelo repouso forçado, é quando as meditações tristes a invadem, como se o coração mergulhasse num crepúsculo... Sim, meu amigo, é suave a contemplação das estrelas do céu da consciência, lavada das preocupações inferiores do mundo, mas na minha visita afetuosa e amiga eu ainda não te posso falar no descanso nas perspectivas celestes do plano invisível, mas sim do trabalho que ainda nos compete no centro das tarefas terrenas. Também eu tenho o meu quinhão de fadigas, porquanto se o operário humano está envolto nas vibrações da carne, o trabalhador invisível encontra-se submerso nos fluidos que circundam os ambientes terrestres. E esses fluidos são, por vezes, bem pesados.

Amigos nossos te auxiliam com a necessária assistência espiritual infundindo-te novas forças, pois as leiras de "Ismael" esperam as tuas mãos. Bastará um repouso físico de mais alguns dias e as tuas reservas vitais, com a dispensa da misericórdia divina em teu favor, e em benefício de nossos trabalhos, estarão novamente restabelecidas.

Não te entregues aos pensamentos relativos às vésperas da Espiritualidade, porquanto a tua cooperação no serviço evangélico é ainda indispensável ao nosso próprio esforço no plano terrestre. Em companhia de outros amigos espirituais, tenho cooperado, com a minha contribuição humilde, nas aplicações fluídicas, levadas a efeito para o teu restabelecimento físico e para a manutenção da tua serenidade interior.

Fica assim, registrada, em nosso livro do coração, a minha visita fraterna. E que o Mestre dos mestres te ampare o espírito através das lutas na

Terra, conservando-te, acima de tudo, a fé e a paz do espírito, é a súplica fervorosa do irmão e servo,

Emmanuel

Acompanhando a mensagem, verdadeiramente enigmática para o médium, este escreveu algumas linhas a Manuel Quintão:

Pedro Leopoldo, 9 de julho de 1939.

Meu caro Quintão,

[...] Psicografando a parte diária do novo romance de Emmanuel (*50 anos depois*), recebi estas páginas que este nosso amigo do Alto me pediu para endereçar-lhe. Estou muito preocupado... O meu amigo foi vítima de algum acidente? Estarei enganado? Nada direi a ninguém, nem mesmo ao Pedro, se chegar a vê-lo hoje à noite, até que me venha alguma confirmação daí. Permita Deus que esteja bem. Não sei o que terá acontecido. Peço-lhe escrever-me, ouviu? Escrevi-lhe no dia 2 e não posso dizer que suas notícias estejam demorando, pois hoje é 9. Mas em face do comunicado de Emmanuel, dirigido a si, tenho o coração em cuidados por sua saúde. Aguardo suas notícias com a urgência possível, para meu esclarecimento [...]

Chico

O leitor tem diante do cérebro e do coração um fato indiscutível; é ocioso qualquer comentário. O fato é clamante.

O caso citado é trazido ao conteúdo desse testemunho humilde porque um outro fato, muitíssimo semelhante a esse, se deu aqui em Campos, com referência à mensagem de Olímpia de Andrade. Artur Xavier dos Santos ficou satisfeito com a mensagem de sua mãe adotiva, recebida a 27 de julho. No dia seguinte, Francisco Xavier embarcou de volta a Pedro Leopoldo. Duas semanas depois, justamente na noite de 9 de agosto, sexta-feira, após a reunião doutrinária de costume, sou procurado pelo Artur, que me pergunta se um espírito comunicando-se pode demonstrar desconhecimento da situação de amigos seus já desencarnados também. Respondi-lhe que sim, era fato comum e explicável. Então o nosso irmão Artur apresenta-me uma carta, vinda de Niterói, e recebida na véspera, onde lhe era noticiado, entre outros fatos, a desencarnação da Sra. Adelaide, ocorrida no dia 29 de maio passado. A Sra. Adelaide é a mesma referida na mensagem de Olímpia de Andrade. Artur inquiriu-me, assim, o motivo de Olímpia de Andrade, espírito, haver enviado sua palavra afetuosa à Sra. Adelaide, se esta já não pertencia mais ao mundo material desde maio. Por que Olímpia desconhecia a nova situação de Adelaide? Respondi-lhe não haver nada de anormal no fato, lembrando que, na pátria espiritual, os espíritos têm variadas tarefas e situações e, por isso, nem sempre estão atualizados com os acontecimentos da Terra. Lembrei-lhe ainda o fato de, ele, Artur dos Santos, vivendo na Terra, desconhecer até a véspera a desencarnação da Sra. Adelaide, ocorrida em Niterói havia cerca de um mês. Campos situa-se próximo a Niterói, mas ambas as famílias não mantinham correspondência constante, em que pese os laços afetivos.[7] Desse modo, não são

---

[7] A distância de Campos a Niterói é de 240 km. Outro detalhe é que a comunicação à época, 1940, era feita quase que totalmente via correios. (N.O. Flávio Mussa Tavares.)

todos os espíritos desencarnados, não obstante os laços respeitáveis que os ligam à Terra, que podem conhecer todos os acontecimentos planetários.

O jovem Artur demonstrou-se satisfeito com a explicação que a Doutrina fornece e que lhe foi transmitida. Entretanto, eu supus, intimamente, que Artur conservasse dúvidas íntimas. Achava que eu não lhe explicara convenientemente a simplicidade e naturalidade do fato.

A hora dessa conversação foi as 21h30 de sexta-feira, 9 de agosto de 1940. Dois dias depois, como no caso do amigo Quintão, escreve-me uma carta o irmão Xavier, nos seguintes termos:

Pedro Leopoldo, 11 de agosto de 1940.

Meu prezado Clóvis,

Meus votos de saúde [...]. Já coloquei no correio uma carta registrada, que te enderecei com alguns cartões para irmãos nossos daí. Agora pego novamente a pena, como no dia que escrevi a Manuel Quintão (lembras do fato que ele te contou?) para te enviar a página inclusa que recebi na manhã de hoje e que Emmanuel me recomendou fosse destinada ao teu coração. Não devo duvidar se devo ou não enviar-te a mesma. Faço-o como o fiz com o Quintão e espero que me digas o que há. Do que houver espero as tuas notícias com a possível brevidade, ouviste? Se a mesma página não tiver significação, espero ainda, assim mesmo, as tuas notícias a respeito.

Escrevo-te apressadamente e deixarei estas linhas para que sejam postas ainda hoje no correio, porque tenciono ir agora a Belo Horizonte para voltar amanhã e quero aproveitar a primeira condução. Lembranças a todos. [...] com um abraço, sou o teu irmão e servo humilde de sempre,

Chico

E anexo a mensagem de Emmanuel:

Meu amigo,

Deus te abençoe o coração. A nossa irmã encontra-se em lutas que a entidade comunicante não conhece. Chegar em primeiro lugar numa corrida não indica que o vencedor da partida deva ser o mais sábio dos concorrentes.

Apesar de sentir-se consolada em seu mundo íntimo, a nossa irmã Olímpia está na situação de uma pessoa ausente do círculo estreito do plano familiar, fortalecendo-se depois de experiências muito penosas e rudes.

A lição a extrair-se é de que a morte do corpo é separação, mas nunca um milagre, como se fora um banho de sabedoria. É por esse motivo que, como nas demais escolas religiosas, o Espiritismo tem os seus problemas transcendentes, como o da observação em curso, cuja elucidação é do domínio do santuário, onde toda razão deve contar com as luzes purificadas do sentimento.

Emmanuel

Nada mais é preciso acrescentar. Discutam-se teorias, mas os fatos são indiscutíveis.

Emmanuel

Domingo —
28 de julho

Último dia
de Chico Xavier em Campos

ela manhã, o querido confrade visitou as diversas classes de Evangelho da Escola, sendo recebido nas respectivas salas, respeitosa e alegremente pelas crianças. Confrades vindos de S. Fidelis, Cachoeiro de Itapemirim, Castelo, do interior do município, etc., são, em seguida, apresentados ao médium: vieram de suas cidades e aldeias distantes para conhecer pessoalmente o devotado obreiro de Jesus.

Às 9 horas e 30 minutos, na Escola Jesus Cristo, inicia-se a costumeira reunião dominical, com oração e estudo do Evangelho. Nesse dia, sentaram-se à mesa, como representantes do mundo leigo, dois intelectuais campistas: o Dr. Norival Santos, médico, e o Dr. Amaro Almeida, advogado. Ambos assistiram, de perto, à recepção de duas mensagens e verificaram a realidade fenomênica, como testemunharam e testemunham ainda.

Foram psicografados um soneto de Augusto dos Anjos e uma brilhante mensagem de Emmanuel, a seguir transcritos:

Confissão

Também eu, pobre espectro das dores,
No escafandro das células cativas,
Não encontrarei a luz das forças vivas,
Apesar de ingentíssimos labores.

Bem distante das causas positivas,
Na visão dos micróbios destruidores,
Senti somente angústias e estertores
No turbilhão das sombras negativas.

Francisco Cândido Xavier no "Horto de Célia" da Escola Jesus Cristo, em 1940

Foi preciso "morrer" no campo inglório
Para encontrar esse laboratório
Das grandezas dum novo transformismo!

A ciência sincera é grande e augusta,
Mas só a fé, na estrada eterna e justa,
Tem a chave do Céu, vencendo o abismo!...

Augusto dos Anjos

Nos tempos tormentosos

Na atualidade tormentosa do mundo, o homem espiritual confere os seus valores mesquinhos para compreender a extensão de seus desequilíbrios. O homem físico galgou culminâncias. Perquiriu a estratosfera, investigou o íntimo dos mares. A civilização do século XX é sua filha dileta. Ataviando-se com todos os adornos falsos de uma sabedoria aparente, ela exibe os mais assombrosos espetáculos de realização material e de poderes maravilhosos. O homem da radiotelefonia transformou o planeta em uma sala confortável, onde as fronteiras foram eliminadas para o exame da possibilidade de consecução do mais elevado idealismo fraterno. O avião e o transatlântico são traços de união, confortáveis e poderosos, com a mesma lição da natureza para que as criaturas se unam na edificação de um fraternismo perfeito.

Em ciência, o homem físico adiantou-se. As mais formosas realizações foram levadas a efeito no campo fisiológico. Todos os segredos anatômicos dos corpos foram devassados. Com exceção da biologia, onde a luz misteriosa e sagrada do espírito ainda tem muito a fornecer no caminho das investigações puramente materiais dos estudos terrestres, quase todos os círculos científicos, no capítulo de perquirições da matéria, trazem os seus quadros de conhecimento quase integrais e puramente completos.

As ciências jurídicas evoluíram igualmente com as mais extraordinárias equações, no campo do direito e das relações internacionais. Noções elevadas felicitaram as suas estradas à luz da razão humana. De todo esse acervo de edificações das ciências conjugadas, na esfera planetária, nasceram filosofias salvacionistas, onde formosas concepções de bondade iluminaram ou tentaram iluminar os corações.

Tudo isso, todo esse patrimônio profundo de rique-zas fizeram do homem físico um soberano senhor de todas as possibilidades da vida planetária.

Nababo, vivendo nas extravagâncias bizarras de seu castelo de riquezas transitórias, esse homem, porém, padece a fome esmagadora da paz, a sede dolorosa do amor, apesar de todas as teorias da salvação que o mundo engendrou, subvertendo, porém, a genuína lição daquele Cordeiro de Deus que ensinou às criaturas o verdadeiro caminho.

Desse lamentável esquecimento de Jesus, des-se olvido criminoso de nossas almas, porque nós também, os desencarnados, integramos a huma-nidade militante dessa indiferença triste, dizemos nós, derivou-se o quadro angustioso da atualidade do mundo, em que quase toda a ciência foi com-pelida a submeter-se aos postulados da força, em que os nossos mais elevados princípios filosóficos se converteram no veneno dos extremismos polí-ticos, em cujas vibrações antagônicas parecem os homens-fantasmas penosos de ambição e de ódio, de egoísmo e de dor, atormentados nos círculos aterradores de um inferno novo.

É nesta hora, não nos cansemos de repetir, que o Espiritismo vem desempenhar o papel de Consolador prometido, restaurando os valores da fé, na sua grandeza divina e imponente. Sobre a paisagem melancólica do mundo atormentado, ele é a voz que fala novamente daquele fermento divino e eterno. Abrem-se os sepulcros e as vozes daquele país, onde localizáveis as sombras, esclarecem as novas verdades. As leis de benefícios mútuos se executam na senda da boa vontade e do amor. Há uma surpresa maravilhosa no íntimo das criaturas. Os espíritos mais pobres e empedernidos podem ridicularizar e sorrir. Entretanto, eles também são convidados para a sublime contemplação. Deus é o Pai de todos. Todos os seres são irmãos. Não mais o ódio e a separação, mas o ideal de unir para que a substância do Cristo viva perene em todos nós. As verdades celestiais, de alguma sorte, se deslocam dos templos de pedra e do círculo particular do sacerdócio. São aqueles que partiram do mundo, os que já se despiram do envoltório material, que regressam alvoroçados de alegria das regiões da morte e cooperam com todos os irmãos de boa vontade e exclamam num só júbilo: "Deus existe! Não morremos jamais!..." Os séculos de experiências e de lutas purificadoras nos identificam as aspirações, através de existências numerosas. Encontrar-nos-emos, além, onde todos os conceitos irreais das fantasias humanas desaparecem, no glorioso plano imortal!

E a nossa mensagem felicita os que estavam caídos no deserto das sensações amargas e inquietantes do mundo. Um novo exército de trabalhadores se arregimenta, em toda parte. Para ele, os governos podem modificar todas as disposições e todas as estruturas dos estados humanos. A tirania ou a força só poderão apressar a execução de sua tarefa sublime, porque o seu esforço é de perfeição de cada um para as grandezas imortais de um só reino com Jesus Cristo no coração e no espírito de todos.

É por isso, amigos, que aceitando o concurso das demonstrações científicas ou das especulações filosóficas da Terra, o Espiritismo, em sua essência, é o Cristianismo redivivo, a palavra e a promessa do Cristo vividas nos homens e pelos homens. Enquanto as inquietações religiosas e políticas do século formam, a cada dia, novas correntes de pensamento e novas teorias sociais, de consequências imprevisíveis para a existência organizada dos povos terrestres, os discípulos humildes de Jesus trabalham com devotamento e amor pela edificação do homem espiritual para que este se dignifique, se eleve, se redima, se ilumine e salve com o Evangelho, socorrendo o homem físico mergulhado na sombra de conhecimentos que se tornaram mesquinhos e perversos na movimentação de todos os processos de morticínio e de destruição.

Desejando-vos, pois, muita paz, essa paz desconhecida do mundo e que constitui o tesouro do espírito que se uniu à verdade real na redenção, rogo a Jesus que nos faça dignos do bom trabalho, sob as bênçãos do seu amor e sob a providência misericordiosa de Deus.

Emmanuel

Uma tarde inesquecível

Após a reunião doutrinária da manhã, representaram as crianças no local projetado para ser o nosso "Horto de Célia" alguns números de teatro infantil regional, dedicados ao querido visitante.

Logo após, o médium Xavier almoça na Escola Jesus Cristo, iniciando-se, em seguida, a homenagem dos pequenos estudantes do Evangelho ao devotado discípulo do Mestre. Chico Xavier assistiu ao programa de teatro evangélico, que significou a saudação cordial e sincera ao seu coração sincero e santo.

Dirigem-se todos depois para o bairro Bezamat, onde funciona a Escola Maria João de Deus, outra filial da Escola Jesus Cristo. Às dezessete horas, iniciou-se a reunião com a presença do médium amigo. Pregou o Evangelho a irmã Cirene Batista, dirigente dessa filial. Chico psicografou, em seguida, duas outras mensagens — uma do bondoso e iluminado espírito que foi a sua mãe na Terra, e patronesse da instituição, e outra de Francisco Batista, pai da dirigente, para quem dirige as suas palavras:

Às irmãs da Escola de Jesus

Minhas irmãs em Cristo,

Elevo o meu sincero voto à Mãe Excelsa de Jesus para que todos os vossos corações experimentem o orvalho de seu amor desvelado e constante.

Nós, hoje, estudamos o Evangelho com lágrimas, no labor de nossa tenda humilde. Nossas lágrimas, contudo, não são as do mundo, que varrem as almas como tempestades de fogo no torvelinho das paixões. Foram para o nosso espírito a chuva benéfica que fecunda a terra dos sentimentos. Sentimos a união das esperanças, em torno do Mestre divino, e recordamos a sua infinita misericórdia. É o nosso regresso ao seu aprisco de amor inesgotável, é a ânsia de integração na substância de sua exemplificação imortal.

A igreja doméstica erige-se novamente no íntimo santuário dos nossos corações. As mulheres modernas, nossas pobres irmãs em humanidade, costumam perder-se na imitação falsa dos labores que Deus destinou aos homens na constituição de seus deveres sagrados. Em todos os lugares, há um apelo criminoso e uma sugestão infeliz para que o coração feminino perca as suas características de ternura. Em toda a parte, falsas ideologias concitam a mulher a realizações desesperadoras, entretanto, generaliza-se o esquecimento de que a elas foi confiada a missão da vida, que, muitas vezes, se executa em silêncio, como o trabalho do

Todo-Poderoso, que todas as criaturas parecem ignorar. Todas as edificações grandiosas do mundo pertencem a Deus e, apesar disso, somente os nomes transitórios dos homens falíveis surgem na publicidade de cada dia, quando todas as boas dádivas representam uma real dispensação dos céus. Em todos os tempos, os homens fizeram as batalhas destruindo os caminhos da vida, destruindo instituições ou intoxicando patrimônios, porém a mulher, na excelcitude de sua tarefa, foi sempre a jardineira de Jesus, plantando as flores da vida sobre as devastações dos movimentos destruidores, como a primavera que enfeita de rosas uma casa desprezada, em dolorosas ruínas.

Irmãs muito amigas, nos espaços mais próximos da Terra também existem colégios de preparação e de amor das almas femininas para a revelação permanente das glórias de Deus. Procuremos saturar o coração da prece e da vigilância daquela que, em Nazaré, soube esperar os desígnios santos do Céu a seu respeito. Seu manto constelado de todas as virtudes se abre generosamente para nós como um pálio divino. Saibamos compreendê-la, desde a manjedoura até o Calvário. Seu exemplo é a luz de todos os séculos para a missionária do Cristo no seu esforço de redenção. Transformemos o lar no templo de cada hora, onde a fé seja um ensino de todos os instantes, a dor, um motivo de resgate venturoso, a esperança, uma aurora perene e o amor, uma fonte daquela água viva que dessedenta toda a sede do coração. Que outras criaturas frágeis e pobres se façam ao mar revolto das ilusões e das amarguras que lhe são consequentes, que outras desfraldem bandeiras novas na estrada das experimentações inconvenientes e tristes!... Fiquemos nós com Jesus, colocando bem alto o seu exemplo e o seu amor.

Esta é a pobre lembrança de vossa irmã e serva muito humilde,

Maria de São João de Deus

À minha filha

Cirene, minha boa filha,

Deus te abençoe e aos teus irmãos. Estou satisfeito e agradecido a Deus, vendo-te aqui, com os nossos do coração. Antigamente, era eu que cuidava do teu bem-estar e das coisas que se relacionam contigo e com os teus irmãos. Hoje, és tu quem me ajuda a conseguir a paz de espírito com a tua orientação espiritual, à frente dos irmãos.

Estou muito satisfeito contigo e com Nair, pois ambas me têm oferecido as mais confortadoras vibrações de paz. Dize ao Nelson, filhinha, que aproveite também a oportunidade da vida. Entretanto, meu conselho não é para que seja forçado ao estudo do Evangelho. Jesus quer apenas aqueles que espontaneamente lhe abram as portas do coração. Com respeito ao Francisquinho, peço-te muita paciência e muita calma nas provas. Cada dor tem o seu sentido oculto e eu me regozijo por hoje compreender tais coisas depois dos grandes esforços espirituais que tive de fazer na vida nova em que me encontro.

O mesmo apelo endereço à minha querida irmã aqui presente, agradecendo a todos pelo bem espiritual que me fazem. Perdoa-me, Cirene, se te deixei tantos trabalhos! No entanto, és boa filha, que entende as sagradas advertências do caminho. Com as bênçãos de Jesus, todo fardo é leve e todo jugo é suave, como tenho aprendido junto de ti e dos outros filhinhos. É com essa certeza que eu me consolo, implorando de Deus a fortaleza de ânimo para o teu coração.

Adeus, filhinhas muito queridas. Que o Pai celestial vos abençoe a todo instante da vida é a prece do que foi pai e é o amigo sincero de todos os tempos,

Francisco

Declaração

Apresentamos aqui o depoimento de nossa irmã Cirene sobre a carta espiritual de seu pai:

Causou-me imensa alegria a comunicação do meu querido pai, pois eu não sabia qual fosse sua situação no mundo espiritual e é muito agradável receber-se uma carta cheia de conforto de um ente que já partiu para a verdadeira vida. Deus tem sido imensamente misericordioso para comigo. Àqueles que conheceram meu pai eu digo que ele não falou em minha mãe, que também se acha no mundo espiritual porque já recebemos comunicação dela, e sabemos qual é a situação, e não falou no nome de meu irmãozinho Célio porque ele tem agora nove anos e não entenderia as suas palavras, mas sabe-se que ele está contente com o Celinho, que também está estudando o Evangelho na Escola Jesus Cristo.

Aos descrentes e aos que não conhecem o valor espiritual de Francisco Cândido Xavier eu digo que o médium me contou que meu pai se apresentou a ele com o apelido pelo qual é conhecido pelos íntimos e muito agradecido ao Clóvis por nos haver encaminhado para o Evangelho.

Francisco Xavier não sabia como o meu pai era conhecido na intimidade e não sabia que a irmã de meu pai, Maria Batista (Cotinha), estava presente à reunião, e papai fala em titia... Que Deus ilumine cada vez mais o meu pai e todas as almas que ainda não compreendem as belezas da Imortalidade e as grandezas supremas do Evangelho de Jesus.

Cirene Batista

Dispensa qualquer comentário o testemunho da filha quanto à autenticidade da identidade do comunicante, que escolheu o local mais adequado para agraciar a filha com um verdadeiro maná do Céu.

No Grupo João Batista

Terminada a sessão na Escola Maria João de Deus, realizou-se, logo após, a última das reuniões em que contávamos com a presença amiga de Francisco Cândido Xavier. Todos nos dirigimos ao Grupo João Batista, sociedade irmã da Escola Jesus Cristo e também adesa à Federação Espírita Brasileira.

Da mesma forma que pela manhã, na Escola Jesus Cristo, à noite tomou lugar à mesa, como representante do mundo leigo, o Dr. Hécio Bruno, distinto advogado de nossa cidade, que foi testemunha da realidade proclamada pela Terceira Revelação.

Foi recebida psicograficamente uma prece de nosso caro Emmanuel, que encerrou com um agradecimento ao divino Pastor as atividades evangélicas que Jesus se dignou a realizar em Campos por in-

termédio de seu leal e devotado servo Chico Xavier:

Prece

Mestre e Senhor, depois de recebidas numerosas expressões de tua misericórdia infinita, temos os corações genuflexos, agradecendo a tua bondade.

Nada somos, nada temos senão boa vontade, nada representamos senão instrumentos misérrimos de teu amor nas esferas espirituais que cercam o planeta, como também, quando encarnados, envergando o envoltório perecível da vida material.

Muitos foram os corações que nos buscavam ansiosos! Mas nós nos lembrávamos de quando distribuías as bênçãos de tua bondade indefinível junto daqueles que se encontravam encarcerados nas concepções do mundo. Recordávamos o tempo em que ias de Betsaida ou Cafarnaum para Cesareia de Filipe abençoando as criancinhas. Eram velhos trêmulos, cujas mãos enregeladas te pediam o calor da esperança, eram jovens simples e puros, que solicitavam a verdade de teu Evangelho divino, crianças, que se agasalhavam na tua ternura inesgotável... Rememorávamos tudo isso e suplicávamos a tua assistência. Muito foi o que nos deste dos celeiros infinitos da tua graça, não pelo que valemos ou merecemos, mas por acréscimo de misericórdia, que nunca negaste aos espíritos de boa vontade.

Agora, Jesus, nós nos curvamos perante a tua bondade! Dá-nos a força de compreender toda a tua exemplificação de renúncia a caminho desse reino de Deus, que constitui a esperança sagrada de todas as criaturas. Concede, Mestre, que os nossos amigos encarnados sintam a vibração de nosso esforço espiritual no círculo fraterno.

Aos que nos buscaram, cheios de angústia no coração, concede fortaleza para o encontro daquele bom-ânimo que sempre ensinaste aos teus discípulos. Dissipa as suas amarguras, como o sol radioso e amigo das almas, desfazendo a neblina das ilusões e dos enganos fatais das estradas terrestres!

Aos que vieram saturados de conhecimentos científicos do mundo, muitas vezes submersos na suposta infalibilidade do dogmatismo acadêmico, proporciona a claridade necessária para que se façam simples e felizes, de modo a entenderem aquelas verdades aos pequeninos.

A quantos chegaram atormentados pela saudade de todos os que os precederam no caminho escuro e triste das sepulturas, dá aquela luz maravilhosa da esperança em teu amor, para que, recebendo a tua mensagem eterna no Evangelho, compreendam a redenção espiritual que nos há de reunir um dia sob a árvore divina do teu desvelado amor no plano da vida imortal.

Que todos os trabalhadores de tua casa se unam na fraternidade legítima e na edificação sincera do teu reino de luz imorredoura. Dá-lhes a fortaleza de ânimo que realiza fortaleza recíproca, base segura de todas as obras do teu amor. Eles são operários de teu jardim no mundo, que se povoa de sombras antagônicas da destruição.

Seus esforços serão, muitas vezes, perturbados pelos contrastes e surpresas do caminho, onde as multidões se desorientam à distância da realização de seus ensinos. Por teu nome, hão de sofrer, naturalmente, todas as hostilidades da estrada material, mas que todos eles se sintam unidos contigo para a execução da tarefa divina.

Jesus, nós somos aquelas crianças que te pedem proteção e amparo em todos os instantes da vida. No momento da alegria, concede aos operários de tua oficina santa os recursos necessários para a verdadeira compreensão, na vigilância e na oração que nos ensinaste. Nos instantes de dor, sê a coragem da alma triste, que deverá despir todos os desalentos do caminho para a perfeita união com os teus desígnios amorosos e puros.

Mestre, seja a união fraternal de teus trabalhadores o último apelo! Que os nossos irmãos desenvolvam a tarefa santificada que lhes foi cometida sob a fraternidade verdadeira e sincera, onde cada discípulo compreenderá sempre que o maior para o teu coração será sempre aquele que se fizer o menor de todos os teus ensinos.

Que as tuas graças sejam para nós novos motivos de esforço de redenção no sagrado caminho. E que todos nós, cooperadores do plano terrestre e operários da esfera invisível, estejamos sempre unidos no teu Evangelho para o mesmo trabalho de edificação, é a minha súplica humilde, são os votos sinceros de meu coração de humilde servo.

Emmanuel

ALBERTO SANTOS DUMONT. 1902. 1 foto p&b. Zaida Ben-Yusuf. Disponível em: <http://upload.wikimedia.org/wikipedia/commons/9/9c/Alberto_Santos-Dumont_portrait.jpg>. Acesso em: 15 set. 2010.

AUGUSTO DOS ANJOS. s.d. Desenho. Autor desconhecido. Disponível em: <http://2.bp.blogspot.com/_YlwUWdeEdU0/S7-R0iXS0SI/AAAAAAAAGpw/E3b4BH0PI4Q/s1600/augusto-dos-anjos-2.png>. Acesso em: 21 set. 2010.

BÍBLIA SAGRADA. N. T. São Paulo: Edições Paulinas, 1981.

ESCOLA JESUS CRISTO. Acervo fotográfico | iconográfico do Museu de Ciro. Campos: Rua dos Goitacazes, 177.

NETO, Geraldo Lemos. Acervo fotográfico da Casa de Chico Xavier. Pedro Leopoldo: 2010, Rua Pedro José da Silva, 67.

XAVIER, Francisco Cândido; TAVARES, Clóvis (Org.). Francisco Cândido Xavier em Campos — Em visita à Escola Jesus Cristo. Ditado por espíritos diversos. Campos: Editora E.J.C., 1940.

XAVIER, Francisco Cândido. Parnaso de além-túmulo. Ditado por espíritos diversos. Rio de Janeiro: Federação Espírita Brasileira, 1932.

XAVIER, Francisco Cândido. 50 anos depois. Ditado pelo espírito de Emmanuel. Rio de Janeiro: Federação Espírita Brasileira, 1940.

Referências
bibliográficas

Crianças da "Casa da Criança" na década de 40

Anexo A

Foi recebida uma prece de Emmanuel, que encerrou com um agradecimento ao Divino Pastor, as atividades evangélicas que Jesús se dignou de realizar em Campos por intermédio de Seu leal e devotado servo Francisco Xavier.

Prece de Emmanuel

Mestre e Senhor, depois de recebidas numerosas expressões de tua misericórdia infinita, temos os corações genuflexos, agradecendo a tua bondade.

Nada somos, nada temos senão boa-vontade, nada representamos senão instrumentos misérrimos de teu amor, nas esferas espirituais que cercam o planeta, como também quando incarnados, envergando o envoltório perecível da vida material.

Muitos foram os corações que nos buscavam ansiosos! Mas nós nos lembrávamos de quando distribuías as bênçãos de tua bondade indefinível, junto daqueles que se encontravam encarcerados nas concepções do mundo. Recordávamos o tempo em que ias de Betsaida ou de Cafarnaum para Cesaréia de Filipe, abençoando as criancinhas. Eram velhos trêmulos cujas mãos enregeladas pediam o calor da esperança, eram jovens simples e puros que solicitavam a verdade do teu Evangelho Divino, crianças que se agasalhavam na tua ternura inesgotável... Rememorávamos tudo isso e suplicávamos a tua assistência. Muito foi o que nos deste dos celeiros infinitos da graça, não pelo que valemos ou merecemos, mas por acréscimo de misericórdia que nunca negaste aos espíritos de boa-vontade.

Agora, Jesús, nós nos curvamos perante a tua bondade!

Dá-nos a fôrça de compreender tôda a tua exemplificação de renúncia, a caminho dêsse Reino de Deus, que constitue a esperança sagrada de tôdas as creaturas.

Concede, Mestre, que os nossos amigos incarnados sintam a vibração de nosso esfôrço espiritual no círculo fraterno.

Aos que nos buscaram, cheios de angústia do coração, concede a fortaleza para o encontro daquele bom ânimo que sempre ensinaste aos teus discípulos. Dissipa as suas amarguras, como o sol radioso e amigo das almas, desfazendo a neblina das ilusões e dos enganos fatais das estradas terrestres!

Aos que vieram saturados dos conhecimentos científicos do mundo, muitas vezes submersos na suposta infalibilidade do dogmatismo acadêmico, proporciona a claridade necessária para que se façam simples e felizes, de modo a entenderem aquelas verdades que reservas aos pequeninos.

A quantos chegaram atormentados pela saudade de todos os que os precederam no caminho escuro e triste das sepulturas, dá aquela luz maravilhosa da esperança em teu amor, para que, recebendo a tua mensagem eterna no Evangelho, compreendam a redenção espiritual que nos há de reunir um dia, sob a árvore divina do teu desvelado amor, no plano da vida imortal.

Que todos os trabalhadores de tua casa se unam na fraternidade legítima e na edificação sincera do teu Reino de luz imorredoura. Dá-lhes a fortaleza de ânimo que realiza a tolerância recíproca, base sagrada de tôdas as obras do teu amor. Eles são operários de teu jardim no mundo, que se povoa de sombras antagônicas da destruição. Seus esforços serão muitas vezes perturbados pelos contrastes e surprêsas do caminho, onde as multidões se desorientam à distância da realização de teus ensinos. Por teu nome, hão-de sofrer naturalmente tôdas as hostilidades da estrada material, mas que todos êles se sintam unidos contigo para a execução da tarefa divina.

Jesús, nós somos aquelas crianças que te pedem proteção e amparo em todos os instantes da vida. No momento da alegria, concede aos operários de tua oficina santa os recursos necessários para a verdadeira compreensão na vigilância e na oração que nos ensinaste. Nos instantes de dor, sê a coragem da alma triste, que deverá despir todos os desalentos do caminho para a perfeita união com os teus desígnios amorosos e puros.

Mestre, seja a união fraternal de teus trabalhadores o nosso último apêlo / Que os nossos irmãos desenvolvam a tarefa santificada que lhes foi cometida, sob a fraternidade verdadeira e sincera, onde cada discípulo compreenderá sempre que o maior para o teu coração será sempre aquele que se fizer o menor de todos, conforme os teus ensinos.

Que as tuas graças sejam para nós novos motivos de esfôrço e de redenção no sagrado caminho. E que todos nós, cooperadores do plano terrestre e operários da esfera invisível, estejamos sempre unidos no teu Evangelho para o mesmo trabalho de edificação, é a minha súplica humilde, são os votos sinceros de meu coração de humilde servo.

Emmanuel

Leia também

SEMENTEIRA DE LUZ

Voltando à Terra no século XIX, Neio Lúcio encarna a personalidade de Arthur Joviano, cujo núcleo familiar, em missão redentora de um passado longínquo, conta com as presenças de personagens descritos nos romances *50 anos depois* e *Renúncia*. Desprendido em 1934, Neio Lúcio inicia sua comunicação com a família, através da mediunidade de Chico Xavier, em reuniões semanais de culto evangélico na casa de Rômulo Joviano, em Pedro Leopoldo | MG. As mensagens, repletas de sabedoria e amor extremado por todos aqueles com os quais conviveu, são bem a confirmação dos compromissos reparadores que assumimos na Espiritualidade, alicerçados nos ensinamentos de Jesus para nos tornarmos legítimos semeadores da Boa Nova.

PELO ESPÍRITO NEIO LÚCIO
PSICOGRAFIA DE FRANCISCO CÂNDIDO XAVIER
ORGANIZAÇÃO DE WANDA AMORIM JOVIANO

Leia também

DEUS CONOSCO

DEUS CONOSCO é o livro que dá sequência às revelações espirituais inéditas da psicografia de Francisco Cândido Xavier, trazidas a lume pela prestimosa organização de Wanda Amorim Joviano, com a colaboração de Geraldo Lemos Neto. As mensagens, recebidas em sua maioria no culto doméstico do Evangelho no lar da família Joviano, nas décadas de 30 a 50, na Fazenda Modelo, em Pedro Leopoldo | MG, são de autoria de Emmanuel, o espírito responsável pela materialização da extensa bibliografia que tanto esclarecimento e consolação verteram da Vida Maior para a face da Terra, através das abnegadas mãos de Chico Xavier. DEUS CONOSCO nos traz de volta ao convívio os memoráveis discípulos do Cristo, ligados desde priscas eras, cuja missão foi a da revivescência do Cristianismo puro e simples dos tempos apostólicos, no coração humilde e generoso das terras pacíficas do Brasil.

PELO ESPÍRITO EMMANUEL
PSICOGRAFIA DE FRANCISCO CÂNDIDO XAVIER
ORGANIZAÇÃO DE WANDA AMORIM JOVIANO E GERALDO LEMOS NETO

MILITARES NO ALÉM

Dentre os tesouros guardados por Wanda Amorim Joviano, MILITARES NO ALÉM, da lavra de Chico Xavier nos anos de 36 a 52, no mínimo surpreende pela atualidade das mensagens em torno da paz que a humanidade do século XXI tanto anseia. Fruto da sua ingente dedicação no desdobre das tarefas mediúnicas no culto do lar realizado durante muitos anos pelo *Grupo Doméstico Arthur Joviano*, na Fazenda Modelo, em Pedro Leopoldo | MG, esse livro relata, na perspectiva espiritual de muitos servidores da pátria, a realidade consoladora do *outro lado*, onde o trabalho pelo bem não cessa e a esperança é sentimento que inspira a vitória do amor preconizado por Jesus.

ESPÍRITOS DIVERSOS
PSICOGRAFIA DE FRANCISCO CÂNDIDO XAVIER
ORGANIZAÇÃO DE WANDA AMORIM JOVIANO

Leia também

SEMENTEIRA DE PAZ

Volume que dá sequência ao roteiro de revelações espirituais do espírito de Neio Lúcio, que em última romagem terrena envergou a personalidade de Arthur Joviano, pai de Dr. Rômulo Joviano, diretor da Fazenda Modelo em Pedro Leopoldo | MG, onde Chico Xavier trabalhou por largos anos. As mensagens nele contidas surgiram espontaneamente pela psicografia de Chico Xavier a partir de 1935, na residência da família Joviano, na própria Fazenda Modelo, durante o culto do Evangelho no lar do *Grupo Doméstico Arthur Joviano*, a que Chico prazerozamente se dirigia depois de findos os seus trabalhos diuturnos, dando a *Deus o que é de Deus* após dar a *César o que é de César*. Recebidas por Chico Xavier de 1946 a 1948, as mensagens de Neio Lúcio foram batizadas de SEMENTEIRA DE PAZ, sendo esse livro, organizado por Wanda Joviano, dedicado ao centenário de nascimento de Chico Xavier (1910-2010), *o medianeiro do amor*.

PELO ESPÍRITO NEIO LÚCIO
PSICOGRAFIA DE FRANCISCO CÂNDIDO XAVIER
ORGANIZAÇÃO DE WANDA AMORIM JOVIANO

ILUMINURAS

ILUMINURAS é a primeira publicação de bolso da Vinha de Luz Editora. É composta de pensamentos e frases extraídos do livro *Deus conosco*, do venerável espírito Emmanuel, psicografado por Francisco Cândido Xavier nas décadas de 30 a 50, durante o culto cristão no lar do Dr. Rômulo Joviano, na Fazenda Modelo, em Pedro Leopoldo | MG. A riqueza dos ensinamentos evangélicos apresentados na obra fala por si só e atesta o amparo de nosso Senhor Jesus Cristo à divulgação da Doutrina Espírita, codificada pelo apóstolo Allan Kardec.

PELO ESPÍRITO EMMANUEL
PSICOGRAFIA DE FRANCISCO CÂNDIDO XAVIER
ORGANIZAÇÃO DE CEZAR CARNEIRO DE SOUZA

PÉROLAS DE SABEDORIA

Compulsados dos livros *Sementeira de luz* e *Deus conosco*, ambos organizados por Wanda Amorim Joviano, as frases e os textos apresentados no livro PÉROLAS DE SABEDORIA foram coletados e reunidos por Braz José Marques com o propósito de engrandecer o aprendizado de todos nós nos estudos evangélicos do dia-a-dia. As pérolas da Espiritualidade — aqui incrustadas na condição de joias valiosas — são fundamentais para o esclarecimento daqueles que delas se valerem, expositores ou não da Doutrina Espírita.

PELOS ESPÍRITOS EMMANUEL E NEIO LÚCIO
PSICOGRAFIA DE FRANCISCO CÂNDIDO XAVIER
ORGANIZAÇÃO DE BRAZ JOSÉ MARQUES

COLHEITA DO BEM

A autoria desse livro pertence ao professor Arthur Joviano, o estimado benfeitor espiritual que todos nós conhecemos com o nome de Neio Lúcio, personagem do romance *50 anos depois*, de quem recebemos valiosos ensinamentos dirigidos ao espírito imortal que vai vencer a morte e transpor os séculos. Chico Xavier psicografou estas mensagens durante o culto do Evangelho no lar da família Joviano, na Fazenda Modelo em Pedro Leopoldo, onde trabalhava. No *Colheita do bem* estão as mensagens recebidas nos anos de 1949 a 1952, sendo, portanto, as últimas recebidas na Fazenda Modelo, uma vez que em 1952 a família Joviano transferiu definitivamente sua residência para a cidade do Rio de Janeiro. *Colheita do bem* finaliza a série iniciada com o livro *Sementeira de luz*, seguido pelo *Sementeira de paz* — formando uma verdadeira trilogia da luz, da paz e do bem maior, que a todos nos une no carreiro da evolução espiritual para Deus.

PELO ESPÍRITO NEIO LÚCIO
PSICOGRAFIA DE FRANCISCO CÂNDIDO XAVIER
ORGANIZAÇÃO DE WANDA AMORIM JOVIANO

CHICO XAVIER
— O PRIMEIRO LIVRO

Vinte anos antes de sua desencarnação, Chico Xavier revelou que sempre guardou no íntimo o desejo de publicar as belas produções mediúnicas que os amigos espirituais escreviam por seu intermédio, nos idos dos anos 20. Curiosamente, Chico confeccionava, com suas próprias mãos e com grande esforço, alguns exemplares com a finalidade de despertar os amigos para a possibilidade de um livro. Face à pobreza material com a qual vivia, ao médium restava a esperança de que algum desses amigos se interessasse pelo tema e, talvez, movimentasse os recursos necessários para uma publicação. De suas primeiras produções manuais, contendo, inclusive, a sua sensibilidade artística no desenho e na ilustração das mensagens, Chico conseguiu guardar durante toda a sua vida um único exemplar, que ao final de sua existência terrena entregou ao seu sobrinho-neto, Sérgio Luiz Ferreira Gonçalves, que no-lo apresentou para a devida divulgação. Esse é então, de fato e de direito, o primeiro livro de Chico Xavier, que a Vinha de Luz Edtora da Casa de Chico Xavier de Pedro Leopoldo trouxe a lume, com a maior alegria: a de presentear o amado amigo Chico com a edição de seu ***primeiro livro*** neste ano de 2010, ano de seu centenário de nascimento.

ESPÍRITOS DIVERSOS
PSICOGRAFIA DE FRANCISCO CÂNDIDO XAVIER
ORGANIZAÇÃO DE GERALDO LEMOS NETO
E SÉRGIO LUIZ FERREIRA GONÇALVES

CHIQUITO

CHIQUITO, da autora portuguesa Julieta Marques, conta um pouco da vida de Chico Xavier em linguagem acessível e direta, num convite ao amor, à humildade e à disciplina exemplificados pelo *médium do século*. Totalmente ilustrado, CHIQUITO é o segundo título da Vinha de Luz Editora voltado à evangelização infantil, que atende, sem dúvida alguma, às *crianças de todas as idades*.

JULIETA MARQUES

O VOO DA GARÇA
— CHICO XAVIER
EM PEDRO LEOPOLDO | 1910-1959

Esse trabalho histórico, do pesquisador pedroleopoldense Jhon Harley, que conviveu por 21 anos com Chico Xavier, é mais uma contribuição para compreender a figura humana do médium mineiro. Utilizando instrumentos e orientações do campo da História, principalmente no que diz respeito ao uso e à interpretação das fontes orais, escritas e iconográficas disponíveis, o autor transitou entre o acadêmico e o poético, fazendo uma analogia entre uma revoada de garças, ocorrida em 2 de abril de 1910, e a permanência de uma delas entre nós.

JHON HARLEY

CÉLIA LUCIUS, SANTA MARINA
SEMELHANÇAS ENTRE AS BIOGRAFIAS CATÓLICAS E O ROMANCE *50 ANOS DEPOIS* DE FRANCISCO CÂNDIDO XAVIER E EMMANUEL

CÉLIA LUCIUS, SANTA MARINA é a revivescência da vida daquela que Chico Xavier | Emmanuel descreveram no romance *50 anos depois* como "*o lírio que nasceu do lodo das paixões do mundo para perfumar a noite da vida terrestre*" e que a igreja católica canonizou no século V. Aqui, por meio do minucioso e irrefutável estudo biográfico realizado por Flávio Mussa Tavares, filho do saudoso Clóvis Tavares, de Campos | RJ, o leitor se deparará com diversos relatos sobre Célia, confirmando a veracidade da narrativa do médium mineiro nos idos dos anos 40, tal qual previra Emmanuel no prefácio da obra referenciada. Para os espíritas, a consolidação da interexistência de Chico no desdobramento do labor mediúnico a benefício da difusão da Doutrina e sua prática evangelizadora, exemplificando o amor e a humildade legitimamente cristãos. Para os demais, uma reflexão sobre as lutas transitórias da vida física e a realidade além-túmulo — a verdadeira vida de todos nós.

FLÁVIO MUSSA TAVARES

Leia também

EVANGELHO PURO, PURO EVANGELHO
— NA DIREÇÃO DO INFINITO

Seguidor inconteste da Boa Nova do Cristo, e espírita em sua mais pura essência filosófica, Martins Peralva deixou para os estudiosos da Doutrina textos de iluminada sabedoria e reflexão, agora reunidos no livro *Evangelho puro, puro Evangelho — Na direção do Infinito*, organizado por Basílio Peralva, que a Vinha de Luz Editora traz a lume numa homenagem ao centenário de nascimento do *médium do século*, Francisco Cândido Xavier (1910 | 2010). A obra, que congrega artigos publicados na imprensa de 1945 a 1999, é indispensável ao homem de boa vontade, abordando temas imprescindíveis a todos os corações que jornadeiam rumo ao progresso espiritual.

MARTINS PERALVA
ORGANIZAÇÃO DE BASÍLIO PERALVA

IGNÁCIO DE ANTIOQUIA

Uma viagem ao tempo da simplicidade e da pureza do Cristianismo, em sua mais bela e genuína expressão. Obra mediúnica repleta de episódios históricos do Cristianismo primitivo, que resgata para a memória da humanidade a vida e a trajetória de um dos seguidores mais valorosos de nosso Senhor Jesus Cristo.

PELO ESPÍRITO THEOPHORUS
PSICOGRAFIA DE GERALDO LEMOS NETO

Leia também

ERA UMA VEZ PARA SEMPRE

Voltado à evangelização infanto-juvenil, esse livro é um compêndio de mensagens de graciosa narrativa, que enfeixa os ensinamentos do Cristo sob a ótica do Espiritismo, correlacionados a diversos assuntos de ordem espiritual e humana. Suas personagens principais — crianças sedentas de amor e de conhecimento — encantam pela perseverança no bem, sempre amparadas pela nobre e sábia Vovó Angel, que, como o próprio nome já diz, é um anjo do Senhor em suas vidas de aprendizado rumo à luz.

PELO ESPÍRITO BLANDINA
PSICOGRAFIA DE CARLOS MALAB

RÉSTIA DE LUZ

Primeiro livro editado pela Vinha de Luz Editora, lançado por ocasião do bicentenário de Allan Kardec (1804 | 2004) e dos 140 anos da primeira edição de *O Evangelho Segundo o Espiritismo* (1864 | 2004). Traz mensagens recebidas de espíritos diversos, psicografadas pelo médium Geraldo Lemos Neto, que interpretam as lições de *O Evangelho Segundo o Espiritismo*, nos indicando os caminhos mais certos da vida no permanente convite de nosso Mestre e Senhor Jesus.

ESPÍRITOS DIVERSOS
PSICOGRAFIA DE GERALDO LEMOS NETO

SERVIÇO EDITORIAL

Departamento Editorial da Casa de Chico Xavier
Av. Álvares Cabral, 1777 — 20º andar — Sala 2006
Santo Agostinho | 30170-001 | Belo Horizonte | MG
(31) 3517-1573 | 2531-3200 | 2531-3300

www.vinhadeluz.com.br
informacoes@vinhadeluz.com.br

Este livro foi composto em tipologia Zapf Humanist, corpo 11,
predominantemente. Capa impressa em papel Supremo 250g
e miolo impresso em Chamois Bulk 70g.
Lis Gráfica e Editora Ltda. | Guarulhos | São Paulo